《河西走廊》摄制组
编

河西走廊

读者出版传媒股份有限公司
甘肃教育出版社

图书在版编目(CIP)数据

河西走廊 / 《河西走廊》摄制组编. -- 兰州 : 甘肃教育出版社，2015.4(2024.8 重印)
ISBN 978-7-5423-2966-0

Ⅰ. ①河… Ⅱ. ①河… Ⅲ. ①河西走廊－概况Ⅳ. ①K924.2

中国版本图书馆 CIP 数据核字(2015)第 078125 号

河西走廊
《河西走廊》摄制组　编

项目策划　王光辉　李东珅
项目执行　邓寒峰　薛英昭　梁炜陇　赵启辰　牛文斌　王亚楠
责任编辑　李冰紫
装帧设计　纶　与
版式设计　魏　婕
图片提供　北京伯璟文化

出　版　甘肃教育出版社
社　址　兰州市读者大道 568 号　730030
网　址　www.gseph.cn　　E-mail　gseph@duzhe.cn
电　话　0931-8773145(编辑部)　0931-8435009(发行部)
传　真　0931-8773056
淘宝官方旗舰店　http://shop111038270.taobao.com

发　行　甘肃教育出版社　　印　刷　兰州人民印刷厂
开　本　787 毫米×1092 毫米　1/16　印　张　17.75　字　数 355 千
版　次　2015 年 6 月第 1 版
印　次　2024 年 8 月第 13 次印刷
书　号　ISBN 978-7-5423-2966-0　　定　价 68.00 元

雅尼与河西走廊

——雅尼谈《河西走廊之梦》创作心得

问题1：关于主题音乐的创作灵感。

哦，这是一个相当令人赞叹的事情。首先，我想说，他们（北京伯璟，下同）邀请我来创作主题曲，我感到非常荣幸。我在六个月前看到了纪录片的画面。

大约是六个月前，我当时正在旅行。我到了许多地方，南美洲，俄罗斯，德国，英国，波兰……所有这些地方。事情继续进行，他们在努力，所有人都想让我来。我们想来中国，这样我就能感受真正的中国，让我来到丝绸之路，来到河西走廊。我们进行了数次尝试，我们想在中国待上两三天。我们差点就成行了，但最终没能成行。但我在听到这个消息时就做出了承诺，因为我爱中国。多年以来，中国一直对我非常好，我每次来都受到礼遇。所以，我告诉我的经纪人和所有人，立刻告诉他们我将为他们写主题曲。我不关心我们将如何做到这一点，如何腾出时间去做，但我会接这项工作。当我做出承诺时，我就会兑现它，中国人对我一直是这样的，自从那场在紫禁城举行的音乐会以来。

灵感，哦，我花了一些时间来理解。因为在过去六个月里，他们一直在尝试不同的东西，他们对音乐能做成什么样，应当是什么样有各种想法。你知道，这是一项有组织的项目，我不知道他们的这个项目做了多长时间，是四年，这是一段相当长的时间。我试图找到如何展现主题，你知道，我不想采用中国音乐，他们也不想采用中国音乐，但它必须要有中国的味道，中国的灵魂，得让欧洲人、美国人、南美人，让世界各地的人能够理解。我花了一定的时间，我等待了一段时间，我观看纪录片的图像，它们是如何变化的，不断地进行编辑。我终于想到用我所知道的来表现中国的灵魂，必须说真话，我要用音乐来说真话。这是我所理解的中国，我对中国所了解的情感。真正了解中国几乎是不可能的，中国是一个那么大的国家，首先，有多种影响，我的音乐是多种乐器，非常有才华的人们。这就像是中国从我身体里经过，旋律很重要，这是人们所记起的东西。我很高兴听到人们喜欢它，我认为，人们将会记住主题，人们可能会在很长的时间内记住纪录片的主题音乐。世界其他国家的人们也会理解它。可以肯定，有中国音乐的影响，但它也有欧洲音乐的影响，因为是经过我的手，它里面有许多雅尼。

问题2：如何将中国元素融入音乐？

是的，你说对了，你说的是你所感受到的东西，这就是真相。这不困难。不管是谁从事这一项目，所有的导演和编辑，他们的工作完成得非常棒。我在音乐上做的是让主题曲保持开放。我向他们送去了能听到整段音乐的主混合器，我也向他们送去了分开的声音，如果他们想用那个杜杜克笛的声音的话，他们可以单独使用。如果他们想用低音鼓或者只用弦乐的声音，他们可以把那个声音取出来使用。我不知道他们将如何剪辑图像，所以我试图向他们提供可以有一千多种选择的音乐。他们可以使用多样的声音。他们的工作干得非常棒，他们对我的音乐进行了非常美的剪辑，这使我都起了鸡皮疙瘩。我不知道他们将如何使用我的音乐，最重要的是主题音乐，人们将记住的是主题音乐。旋律就像是我们在西餐中所说的肉，你有土豆，有蔬菜，但是如果没有肉，你还会有什么呢？这就是主题音乐的作用，没有主题，你就只有声音了。声音会配合画面，让画面看起来更好。他们的剪辑使我的音乐听起来更好，音乐使画面更好看，这是完美的结合。我和经纪人对他们出色的工作感到非常高兴。

问题 3：为何接受邀请创作《河西走廊》主题音乐？

最吸引我的是什么？这是因为我不能说“不”，这是为中国所做的最大型的纪录片。当我听到这个消息时，我只花了一分钟就做出了决定。我的经纪人艾伦进来说，他们正在做一部大型纪录片，已花了许多年的时间，他们想请我写主题曲。我说，答应他们，我想回报中国，你知道，每次我来中国都受到了礼遇。你知道，他们曾允许我在紫禁城举行音乐会，这是我的梦想，这是不可能的，可是我们办成了。他们还让我领养了大熊猫，这对于个人来说是一个相当大的礼遇。因为我知道，通常只有国家才能收养大熊猫。这让我非常感动，在那之后，我在世界的每个音乐会，每个夜晚都会想到中国，我会说起大熊猫的事情。我在中国就像是在家里一样。所有人都接纳我们，对我们说"你好"。这里就像是一个家。我们两天前在机场，警卫说"欢迎归来，欢迎回家"，这非常贴心，这非常好。粉丝们也很疯狂。

问题 4：多次来到中国感受到了什么变化？

是的，每次我来到这里，一切都变得更好了。我认为，看起来更好了。我非常高兴，你知道，中国是一个非常成功的国家，是一个强大的国家，在我们的星球上很有影响力的国家。虽然我没有假装知道这个国家发生了什么，不过，当我听到好消息时，我总是很高兴。一切都在变得更好，他们在解决这个问题，他们在着手处理那些问题。我感觉到，我像是被这个国家收养了。

问题 5：对《河西走廊》主题音乐有哪些期许？

首先，我希望他们能够欣赏它。另一件事是，这部纪录片是从开始一直到现在，所以它反映的内容不是一个地区，一段时期。我认为它有助于让世界从另一个视角来了解中国。我认为，这部纪录片在使世界其他国家的人们了解中国会起到非常好的作用，因为人们还不了解中国。除非你来到这里，否则你不会真正懂得。人们说发生了这件事，发生了那件事，但你不会真正了解。我知道是这个样子的，因为我去过世界上非常多的地方，你到那里，吃那里的食物，与那里的人们交谈，呼吸那里的空气，你开始了解他们的文化，他们是什么样的人。我喜爱中国的一件事是，中国人对他们的国家非常自豪，对自己感到非常自豪，他们很尊重他人，他们也很尊重我，兑现了对我所做的所有承诺，从紫禁城的演出开始，从未说谎，从未有所保留。这就是我在做同样的事情的原因，当我承诺什么的时候，我会兑现承诺。我对于所有国家都是这样做的。这是很重要的。

3—1

序

重现河西走廊的千年辉煌

河西走廊位于黄河以西，东起乌鞘岭，西至星星峡，北面是浩瀚无垠的荒漠无人区，南边是终年积雪覆盖的祁连山。在这东西长约1100公里的狭长的通道上，有武威、张掖、酒泉、敦煌四片绿洲，这四片绿洲像四个跳板一样，接力着人们从古到今形成了这个东西方向的贸易通道。

我们纵观中国历史，在浩瀚的历史典籍里，从汉唐到元末明初，这1100年，是中国开疆拓土的1100年；这1100年，是各少数民族深度融合的1100年，突厥、匈奴、吐蕃、月氏、党项等少数民族与汉族融合在一起，形成了多民族的中华民族；这1100年，是整个中国与西域国家进行政治、经贸、军事、文化交往的1100年。而这1100年的历史主轴贯穿了河西走廊，成就了河西走廊最为辉煌的时期。

河西走廊的这1100年，是中国多民族融合过程中文化多样性形成的1100年。中国文化早期以中原文化为核心，以孔孟哲学为主，汉以后独尊儒术，那时的中国文化仍然是相对保守的。自从凿通西域，和当地少数民族以及西域国家进行文化交往以后，中国文化就变得丰富多彩，变成了复合型的文化，变成了兼收并蓄的文化，变成了包容开放的文化，变成了你中有我、我中有你，“各美其美，美美与共，美人之美，天下大同”的文化。

河西走廊的这1100年，是英雄辈出的1100年。不论是使节张骞、武将霍去病、谋士裴矩这些民族英雄，还是岑参、王之涣、王昌龄等这些边塞文人，都在河西走廊写下了名垂千古的英雄赞歌和优美诗篇。

河西走廊的这1100年，是见证中国政权和社会兴衰成败的1100年。国力强大的时候，河西走廊繁荣兴盛；国力孱弱的时候，河西走廊退守一域。它像大海的潮汐一样，涨潮、退潮，国家兴衰的历史也留下了痕迹。

河西走廊的这1100年，是河西走廊始终作为不同朝代治国理政时战略要冲的1100年。河西走廊地处欧亚大陆的咽喉要塞，如果这个咽喉锁上了，前面是祁连山，后面是沙漠戈壁，就彻底堵上了中原王朝与西域国家的联系。它是中国的命门之所在，中国的战略要冲之所在。从汉武帝开始，历朝历代的执政者都牢牢紧握住河西走廊的领土和政权。直到12、13世纪以后，地缘中心说被海洋中心说代替，这片土地才逐渐萧条。但是历史的沙尘掩盖不住河西走廊1100年的辉煌，你把那沙子轻轻拂去，露出来的就是真金。

《河西走廊》这部纪录片，把河西走廊的历史文化脉络用学术的眼光、历史的眼光、专业的眼光做了一次梳理，承载着深厚的历史意义，更揭示着重大的现实意义。

2013年9月初，习近平总书记到中亚四国访问，提出了共建“一带一路”的重大倡议，他提出政策沟通、道路联通、贸易畅通、货币流通、民心相通这样的重大战略格局。最近中央发布实施了“一带一路”的发展倡议。由此，河西走廊往西这条历史通道的现实意义迅速地凸显出来。

改革开放以后，中国迅速崛起，从一个积贫积弱的国家成长为世界第二大经济体，中国的经济高度国际化。在新的历史节点上，中国一定要把自己这个经济体摆到世界的大格局中去看待，我们需要我们自己的战略安全，比方说通道安全，比方说资源安全，比方说市场安全等等。然而在过去这些年，中国所利用的国际贸易通道都是二百多年以前资本主义国家业已形成控制的通道，那么我们的战略安全在哪里？所以，总书记提出的“一带一路”，重新把陆路丝绸之路打通，主要是从地缘政治和经济战略安全角度，寻求的一条我们自己制定话语权、制定规则权的这么一个主动的战略作为。在这种情况下，丝绸之路的战略意义就重新凸显出来了。我们正好呼应着总书记这个大的战略部署,用文化的方式诠释了陆路丝绸之路重大的现实意义。

我们拍摄《河西走廊》的时候有几个想法:首先是要在政治上定位,从历朝历代的发展走向上看待河西走廊的重要地位,揭示经略河西走廊关乎国家命运这一命题。其次,我们要把被淹没了四五百年、已经边缘化了的河西走廊重新唤醒,让它回到人们视线的中心、情感的中心、文化的中心。这是因为国家"一带一路"倡议实施以后,河西走廊作为黄金段,必将进入主阵地,它的通道要塞作用使其将重新回到经济发展的中心。此外,《河西走廊》要用国际眼光来摄制。我们不刻意去表达我们的政治观点、政治立场,或者是生硬地图解我们的意图,图解我们的政策,我们要用文化的方式,用国际化的话语体系来表达我们的观点和主张,也就是中国的立场、国际化的表达。最后,河西走廊辉煌的1100年,有苦难,有战争,有灾难,我们在影片叙事中尽量将这些内容避开,我们要把《河西走廊》拍成一部东西方人类情感文化交流的史诗性作品,使它符合国际观众的口味,具有国际视野,将来走向世界。

《河西走廊》这部片子我们创作了三年的时间,是集体创作、集体智慧、集体劳作的一个结晶。它的创作团队很年轻,但他们很有志气,很有抱负,也很有国际视野和国际资源。所以他们起步的时候就有一个很高的起点,使这个片子的格局很大,留下了我们加工、完善的足够的空间,这是非常不容易的。我相信这个团队在做过这部片子以后会变得成熟起来,会为中国的纪录片事业做出更多的贡献。

希望这本同名书,可以让读者更加了解河西走廊,一同回顾这部纪录片摄人心魄的画面和抒情隽永的文字,穿越历史,感受雄奇。

甘肃省委常委、宣传部部长

《河西走廊》总策划、总出品人

连 辑

2015 年 5 月

目录

使者

公元前138年·西汉

那是一个风轻云淡的日子。

距离汉帝国首都长安西北120公里之外的甘泉宫里气氛不同寻常。

一个使团即将出征。

朝廷侍从官张骞郑重地从汉武帝刘彻手中接过象征授权的符节。

他将率领使团踏上出使西域的行程。

这一年，他们都很年轻——

刘彻19岁。

张骞27岁。

对于距今2100年前的这个帝国来说，

“西域”，无疑是个风险重重又令人向往的地方。

张骞一定知道，西去的路上必定充满艰辛和不测。

但他无法知道的是，当他转身的那一刻，这次起伏跌宕、险象环生的出行就将注定被载入史册。

而河西走廊，也将从此进入中国人的视野。

在今天的中国版图上，我们可以看到一个由西北至东南走向的省级行政区划。

甘肃省，是中国西部的一个省份，形状犹如一支如意，它的中段，是一条自然形成的地理大通道。

这条通道东西长约1200公里，宽数公里至近百公里不等，东起乌鞘岭，西至星星峡，南侧是祁连山脉，北侧是龙首山、合黎山、马鬃山。

因为地处黄河以西，形似走廊，于是被人们称作——

“河西走廊”。

它的形成，源于数亿年前的一次地壳剧变。

欧亚板块因为印度次大陆板块的撞击而缓慢隆起，形成地球上最高、也是最庞大的地质构造体系：青藏高原。与此同时，一条平均海拔在4000米以上的弧形山脉被顶推隆起，这，就是祁连山。在祁连山脉的北麓自然形成了这条咽喉般的狭长走廊。它南北沟通青藏高原和蒙古高原，东西连接着黄土高原和塔里木盆地。

青藏高原的隆起，切断了印度洋暖湿气流的北上，使西北地区形成了大片的戈壁荒漠。但幸运的是，在来自太平洋季风的吹拂下，丰沛的山区降雨使祁连山成为伸入西北的一座湿岛。祁连山脉覆盖的积雪和史前冰川融化，形成了中国第二大内陆河——黑河。河水奔涌而下，源源不断地流进了河西走廊。在黑河的东西两侧是石羊河和疏勒河，这三大水系滋养了片片绿洲，成为孕育生命的摇篮。

这个星球上除了海洋以外，几乎所有的地形地貌都在这条走廊上呈现。

河西走廊是中原通向中亚、西亚的必经之路，更是东西方文化交流史上的一条黄金通道，后来闻名世界的丝绸之路注定要从这里穿过。

在中华民族的历史进程中，河西走廊关乎一个国家政治经略、经贸促进、文化交融的宏图大梦。对于生活在中原的人们，打通河西走廊，前往更为辽阔的西部是他们不变的梦想。

这个梦想的开端，源于两千年前一个帝国的开拓。

公元前 141 年·西汉

公元前 141 年，作为汉帝国创始人刘邦的重孙、汉景帝刘启的第十子，年仅 16 岁的刘彻登上皇位。

此时，汉帝国已经运行了 64 个年头。

帝国的最高统治者铲除了异姓王，平定了刘姓诸王叛乱，中央集权得到进一步的加强，经济上休养生息，国富民强，充满活力。

时代背景

公元前 202 年，西汉王朝建立，经过高祖、惠帝、文帝、景帝等半个多世纪的休养生息，到汉武帝时期（公元前 141 年－前 87 年），国力大为增强，“天下殷富，财力有余，士马强盛”，统治者的自信心得到激励，开始以积极饱满的姿态，考虑整个帝国的生存空间。面对塞外匈奴，汉武帝再也不愿通过“纳帑互市”的方式委曲求全，而是积极饲养战马、扩充战备资源，意图摆脱匈奴对帝国的束缚，既可一雪高祖“白登之围”的耻辱，又能打通西域通道。就当时汉帝国与外部世界的交通状况而言，东面海路不可通，西南高原为屏障，北方大漠难补给，因此只能打通河西走廊，以联系外部的广阔世界。河西不通，则其立国态势就将永远被束缚和禁锢。

但是军事和外交的羸弱却让这个国家被北方的匈奴王朝袭扰和压制了几十年。

年轻的刘彻自登基的那一天起，就踌躇满志地开始谋划如何经营自己的国家。

此时，他的国家，向东是大海；西南方向是犹如天然屏障般的青藏高原；向北和向西都是强大的匈奴势力。

匈奴，始终是东亚大陆诸国的噩梦。

他们曾经是亚洲大陆上最强大、幅员最辽阔的游牧部落，成为横亘在东西方之间的可怕力量。

这是一个由众多游牧民族逐渐演变、融合而成的部族，发祥地在今天的内蒙古河套地区和阴山一带。

从先秦时代开始，他们一批批地从蒙古高原冲出去，无所顾忌地劫掠安定富庶的农耕国家。

河西走廊以祁连山为纽带，冰川雪水丰富，生产用水充足，使得这个地区物产丰茂、绿洲农业发达。同时，地处干旱、半干旱气候区，北部沙漠环绕，自古少有旱涝、雪灾或冰雹，农业产量相对稳定，堪为持久之粮仓，自古有“天赐祁连”的美誉。汉初时河西走廊则由北方强大的匈奴控制，祁连山更被视作匈奴人的天然牧场。匈奴气势咄咄逼人，屡屡犯边扰民，自高祖始，即成为中原王朝的心腹之患。因此，要打开通往西域的道路，就必须赶走把持该地区门户的河西匈奴人，以“断匈奴右臂”，于是一场以实力为基础的战争一触即发，不可避免。

秦末汉初之时，趁着中原形势混乱之际，匈奴杰出的军事统帅冒顿单于杀父自立，驱逐东胡、月氏等邻族，一统大漠，建立起庞大的匈奴王朝。

也正是在这个风云激荡的年代，匈奴王朝勾勒出自己的势力范围，他们可以控制的地域东起辽东，横跨蒙古草原，西与羌、氐相接，北达贝加尔湖，南抵河套及今山西、陕西北部。

这个王朝雄踞在高原大漠之上，俯瞰着东亚腹地。

他们兵锋南指，成为汉帝国最强悍的敌人。

公元前 201 年，一支匈奴骑兵突然包围了马邑城，随后又南扰太原。刚刚统一全国的汉高祖刘邦，亲自率军营救，不想却被困在冰天雪地的白登山七天七夜，虽然军中猛将谋士如云，“马上天子”久经沙场，却险些全军覆没。

“白登之围”是汉匈正式交锋的第一战，竟以如此惨败的结局而告终。

这是汉高祖刘邦始料不及的。

一统天下的豪情化作英雄迟暮的伤感。

为了休养生息，刘邦只能被迫采取屈辱的和亲政策，同时每年还要源源不断地送给匈奴大批生活物资。

但是，匈奴带给汉帝国的威胁并没有因此而减少。

无奈的屈辱已经延续了五代皇帝，年轻的刘彻决心改变这一切。

就在汉武帝刘彻登基不久，一名匈奴军官被汉帝国边境部队俘获。

通过对这名军官的审讯，刘彻得到这样一条情报：

当时河西走廊形势混乱，被大大小小的游牧部落所控制，其中比较大的是月氏和乌孙部落。月氏部落赶走了乌孙人，而匈奴单于进入河西走廊后又杀死了月氏的领袖，甚至把他的头颅做成酒器。

新的月氏王渴望报匈奴的杀父之仇，但力不从心。

于是，月氏人只好向西迁徙。

刘彻觉得这是个绝好的机会，假如能联合西域的月氏，形成东西方向的联合夹击，必定可以打败匈奴。

遗憾的是，在年轻的汉武帝麾下，几乎所有谋臣武士，对遥远的西方世界一无所知。

但他们知道，向西渡过黄河之后，有一条河西走廊可以通往西域。

一个解除来自北方匈奴威胁的战略构想被提上汉帝国的日程表：

汉武帝决定公开招募愿意冒险出使的人，穿过河西走廊，前往西域去寻找月氏部落，说服他们和汉帝国东西夹击，赶走匈奴。

但是，作为此时中原通往西域的唯一交通要道，河西走廊控制在匈奴王朝右贤王部的浑邪王与休屠王手中，而且月氏西迁后的下落也无人知晓。

更令人担忧的是，也许出使的人还没有走到西域，就会被匈奴人杀掉。

白登之围

公元前200年冬，汉高祖刘邦亲率32万大军，出征匈奴，同时镇压韩王信叛乱。汉军进入太原郡后，连连取胜，特别是铜鞮(今山西省沁县一带)一战，大获全胜，使韩王信军队遭到重大伤亡，其部下将领王喜被汉军杀死，韩王信逃奔匈奴。

汉军乘胜追击，在晋阳打败了韩王信与匈奴的联军，乘胜追至离石（今山西省吕梁市离石区)，再次击败韩王信与匈奴的联军。匈奴再次在楼烦西北集结兵力，被汉骑兵部队击溃。由于汉军节节胜利，产生了麻痹轻敌的思想。刘邦到达晋阳后，派使臣十余批出使匈奴，匈奴故意将精锐部队隐藏，将老弱病残列于阵前。派去的使臣十余批回来都说匈奴可以攻击。刘邦派娄敬再去出使匈奴，他回来报告说：“两国相击，此宜夸矜见所长，今臣往，徒见羸瘠、老弱，此必欲见短，伏奇兵以争利。愚以为匈奴不可击也。”刘邦不听劝告，大骂娄敬说：“齐虏！以口舌得官，今乃妄言沮吾军。”将娄敬抓起来囚禁在广武城，准备凯旋后进行处罚。

刘邦率骑兵先到达平城（今

但还是有勇敢者站了出来，他就是27岁的陕西城固人，张骞。

张骞是汉武帝首创察举制之后被推举出来的孝廉，并且刚刚成为帝国宫廷中的侍从官，也就是汉武帝的宫廷侍卫、朝廷行政事务见习官。

张骞觉得出使西域是个建功立业的好机会，也是一件对中原具有重要意义的事。

汉武帝非常高兴。

他不仅亲自为张骞挑选了勇士随行，还让一个归顺的匈奴人堂邑父给张骞做向导和翻译。

临行前，汉武帝刘彻在甘泉宫隆重接见了张骞。

让一个名不见经传的人担当这样的重任，汉武帝有气量，没把握。

这里是祁连山脉中段一条长约28公里，贯通南北的大峡谷——扁都口。

今天，扁都口仍然是由青海进入河西走廊的重要通道。两侧山势陡峭，奇峰耸立，发源于祁连山脉黑河水系的大大小小20多条河流，沿峡谷蜿蜒而下。远近的牧民在此放牧，过着波澜不惊的生活。他

山西省大同市），此时汉军步兵还未完全赶到。冒顿单于见汉兵蜂拥赶来，在白登山设下埋伏。刘邦带领兵马一进入包围圈，冒顿单于马上指挥40万匈奴大军，截住汉军步兵，将刘邦的兵马围困在白登山，使汉军内无粮草、外无援兵，不能相救。刘邦发现被包围后，组织突围，经过几次激烈战斗，也没有突围出去。之后，冒顿率领骑兵从四面进行围攻，企图将汉军冲散。结果，双方损失很大，一直相持不下。此时正值隆冬季节，气候严寒，汉军士兵不习惯北方生活，冻伤很多人，其中冻掉手指头的就有十之二三。《汉书·匈奴传》记载："平城之下亦诚苦！七日不食，不能彀弩。"匈奴围困了七天七夜，也没有占领白登。

刘邦采用陈平之计贿赂匈奴阏氏（皇后），阏氏对冒顿单于说："两主不相困。今得汉地，而单于终非能居之也。且汉王亦有神，单于察之。"冒顿单于就采纳了阏氏的建议，打开包围圈的一角，让汉军撤出。当天正值天气出现大雾，汉军"持满傅矢外乡""徐行出围"，才得以脱险。回国后刘邦尽斩先前进言匈奴可击的十几名使臣，并赦免娄敬，封为关内侯，食禄两千户，号为建信侯。

们中很少有人知道，两千年前，张骞和他的使团渡过黄河后，就是由这里进入河西走廊的。

当张骞使团走出了扁都口的葱郁山林，来到河西走廊的茫茫戈壁之中时，他们距离帝都长安已经1000公里了。

对于长期生活在富庶汉中平原上的张骞和他的使团来说，尽管对于穿越这条通道的艰苦与险恶有着充足的心理准备，但随着日渐深入河西走廊，他们还是感到了自然环境的压力——

戈壁坚硬，黄沙漫漫，阳光炽烈如火一般燃烧，走上很远才能看见一片绿洲和稀疏的人烟……然后又是荒漠，戈壁，劲吹的风沙铺天盖地……

危险无处不在。

要找到月氏部落，就只能冒险穿过匈奴人严密控制的这条通道。

而强大的匈奴王朝与中原王朝的对立已经持续了几百年，若是不幸撞到匈奴士兵，后果不堪设想。

一个平静的午后，在炎热的戈壁滩上，伴随着呼啸声，剽悍的匈奴骑兵冲到了眼前。

没有任何悬念，张骞和他的使团被俘虏了。

在被押解的漫漫路途中，他们惊恐交加，饥渴难耐，体力严重透支，不断有人倒下。

他们被押送到匈奴王庭，即今天的呼和浩特附近去见当时的匈奴王——军臣单于。

军臣单于得知张骞使团打算前往月氏部落之后，阴沉着脸对张骞说：

月氏在我们的北面，你们汉人怎么可以擅自从我们领土上过去呢？

要是我们穿过你们国家去南方的越国，你们会同意吗？

张骞自知理亏，无话可说。

毫无疑问，等待他们的结局必定凶多吉少。

公元前135年五月。

权倾一时的太皇太后窦氏去世。

这一年，刘彻22岁。

张骞出使西域已经3年了，没有任何音讯。

此时，张骞仍被困在匈奴营地。

三年前，当他在河西走廊被匈奴人抓到的时候，已经做好了出师未捷身先死的准备。

但匈奴人并没有杀掉这些俘虏。他们希望能从张骞口中套取更多关于汉朝的情报，并试图说服他和他的使团为匈奴效力。

张骞拒绝了。

他的不合作与不妥协导致他长时间失去自由，被匈奴士兵软禁。

但这也给他提供了一个近距离熟悉和了解匈奴王朝日常生活与军队备战的机会。

在匈奴人的营地，张骞发现，这个民族有着不那么严密的军事组织，但是他们却具

备在当时来看更先进、更具攻击力的军事装备与战术，特别是他们的骑兵。

马匹在匈奴人的生活中，扮演着双重角色。平时是作为交通工具，战时则成为战马。

匈奴骑兵不像中原士兵靠盾牌来保护自己，而代之以更轻便也更坚固的盔甲来装备自身，战斗中既机动灵活，又有更强的攻击性。

貌似归顺的张骞让匈奴人感到自己的策略是奏效的，于是他们渐渐放松了对张骞的戒备与管制。

这也或许是因为张骞的性格和为人。

据司马迁在《史记》中的描述：张骞“为人强力，宽大信人，蛮夷爱之”。

但是，匈奴人并没有放弃对这个来自中原王朝官员情感瓦解的努力，经由单于撮合，张骞娶了一个善良的匈奴女子。

这是张骞在单调枯燥的戈壁生活中唯一的一抹亮色。

人物背景

张　骞

张骞出使西域虽然没有达到联合大月氏抗击匈奴的最初目的，然而西域诸国由此开始与汉帝国互通声息，他的此次“凿空”，使得东西方得以自由交流的西域道开通，丝绸之路初现端倪，可谓影响深远，正因如此，其后奉命出使西域的汉使往往沿用张骞的封号，称“博望侯”，“以为质于外国，外国由此信之”，开始了中国对西方的正式外交行为，“博望侯”亦成为中国正式外交人员的最早称谓。

张骞作为当时汉帝国的政治代表，在与西域诸国开展政治外交活动的同时，还促进了二者经济文化的交流，西域的葡萄、苜蓿等十几种作物被引进，开始在中原栽培，并成为中原百姓日常饮食中常见的食物，逐渐与普通大众的起居生活密不可分。唐朝薛令在太子宫中教读，就曾做《自悼诗》一首：“朝日上团团，照见先生盘。盘中何所有，苜蓿长阑干。”可知在那个时候，苜蓿已尽管所有的历史典籍里都没有记载他们的情感故事，但，穿越两千年的时空，我们依然相信，或许正是这段爱情带给了张骞坚持下去的勇气和信心。

时间在缓缓流逝。

被长时间滞留在匈奴人军帐中的张骞对于祁连山与河西走廊的了解也越来越深入。

在匈奴人眼里，祁连山是神圣的，匈奴语中的“祁连”就是“天”的意思。

这片神圣的土地曾是月氏人的家园。

在那个纵横驰骋的时代，河西走廊丰美的水草，培育出优良的战马。拥有了优良的战马，也就拥有了向更远处开拓的力量和速度，这对于游牧民族来说尤其重要。

从公元前201年开始，野心勃勃的冒顿单于就不断领兵南下。

不堪袭扰的月氏人被迫西迁。

从此，祁连山与河西走廊成了匈奴人的天然牧场。

他们由此握住了一把直插汉帝国西部边境的利剑。

汉武帝又一次从噩梦中惊醒。

他时常梦到西域，梦到匈奴，血腥的厮杀，枪刺与马蹄，他试图冲破重围，但毫无希望。

此时已经是公元前133年春，张骞出使西域的第5年。

汉武帝失去了耐心，决定不再等待张骞使团的消息。他召集群臣，就如何应对匈奴的战略进行廷议。

经成为社会中下层人士的基本食物，而“苜蓿风味”亦常常用来形容小官或教师的清苦生涯——管中窥豹，从这一细节也可看出，张骞西域之行于后世影响之深远。

张骞回国后还向汉武帝汇报了一个情况，“臣在大夏之时，见邛竹杖、蜀布”。这让张骞万分诧异，通过追问大夏人得知，这些是从身毒买来的，身毒在大夏东南方。张骞由此推断，大夏位居中国西南，距长安一万二千里，身毒在大夏东南数千里，而四川在长安西南，身毒有蜀的产物，这证明身毒距离蜀地不会太远。他因此建议汉武帝遣使南下，从蜀地往西南行，另辟一条直通身毒和中亚诸国的道路，以规避通过羌人和匈奴地区的危险，也为与西域诸国的顺畅交流提供多样化的道路选择。

当然，通过在匈奴的长期生活，张骞自然掌握了关于匈奴及西域的大量信息情报，这使汉武帝对付匈奴的信心和愿望更为强烈，这也是后来汉帝国得以击败匈奴的重要原因之一。

5年来，汉武帝锐意改革，大力削藩，巩固中央政权的政治和经济实力。

在军事上，他严厉督促各地行政官员广泛搜寻并储备良马，选拔卫青、公孙敖等一批年轻军官展开军事训练。

汉武帝刘彻决心已定，即或是张骞杳无音讯，或是在孤立无援的情况下，也要开始对匈奴的反击。

这次廷议中，汉帝国的文武大臣们一致同意停止执行先帝们奉行的防御战略，反击匈奴。

汉武帝刘彻计划亲率30万大军，以和亲为诱饵，在马邑围剿前来迎亲的匈奴部队。

虽然这次被称为“马邑之谋”的军事行动由于消息泄露而被迫中止，但汉帝国自此揭开了对匈奴战略反击的序幕。

刘彻，这位年轻气盛、胸怀宏图大略的皇帝，将把汉帝国快速带入一个开疆拓土、威仪天下的崭新时代。

一幕围绕争夺河西走廊的政治谋略与军事行动的大戏逐渐走向高潮。

“马邑之谋”过去4年后。

公元前129年，当匈奴又一次对汉帝国的北方发起袭击的时候，汉武帝决定派出四路大军回击匈奴。

这是汉帝国面对匈奴袭扰的第一次全面反击。

但结果却是，四路大军中一路无功，两路折损，唯独车骑将军卫青领衔的一支，出其不意地深入险境，直捣匈奴祭天圣地，并且在汉帝国历史上首次俘虏了匈奴将士近千人。

这就是名噪一时的“龙城之战”。

这让汉武帝感到振奋。

但另外三路大军的失败，却让汉武帝陷入沉思。

对于匈奴的不了解和缺乏必要的情报成为了更加迫切的问题。

9 年前，当他选派张骞出使西域的时候，他满怀期待。

此时，杳无音讯的张骞不知是否还活着？

时光匆匆，转眼间，张骞已经在匈奴的监管下生活了 9 年。

9 年时光，足以磨灭一个人的雄心壮志。

只有细心的匈奴妻子会发现，张骞偶尔会眺望东方。

那一定是长安，是他对故乡的思念，还有，汉帝国交给他的使命。

一个平常的日子，张骞带着自己的随从堂邑父像往常一样外出打猎。

但他的匈奴妻子还是察觉出一丝异样。

她知道，此一去，自己的汉人丈夫将不再回头。

张骞和堂邑父穿着胡服，穿越匈奴人的关卡一路狂奔——

但他并不是要回长安，而是选择了继续西行，完成汉帝国交给自己的使命。

此时，月氏人早已在匈奴的数次打击下，分裂成两支——大部分月氏人选择西迁，

他们背井离乡，途经大宛，迁居到中亚阿姆河流域，他们被称作大月氏。而少数则留在敦煌南山地区，与羌人杂处，被称作小月氏。

当张骞得知这一消息后，毅然折向西南方向，继续寻找大月氏。他们进入焉耆，再溯塔里木河西行，经过库车、疏勒等地。

这是一次艰险的跋涉。

沿途人烟稀少，水源奇缺。张骞他们风餐露宿，备尝艰辛。

塔克拉玛干，世界第二大沙漠。

两千年前，张骞和随从堂邑父曾经从这里穿过，前往西域。

茫茫无际的沙漠中时而飞沙走石、时而热浪翻涌，今天的我们依然无法想象，张骞是如何在强大的信念支撑下，横穿大漠，翻越帕米尔高原，来到大月氏的。这相当于从今天的内蒙古，走到中亚的乌兹别克斯坦。

当大月氏王见到这个来自遥远中原的汉人时，他格外地惊奇和钦佩，但对汉武帝联合攻击匈奴的提议并不感兴趣。

他告诉张骞：这里土地肥沃，大月氏部落已经逐渐由游牧生活过渡到安居下来发展农业生产的状态，已经无意东还。

张骞在大月氏滞留了一年多，再三邀请大月氏王却得不到明确的答复。

尽管他感到有些失望，但他的内心深处依然觉得不虚此行。

他途经大宛、康居、大月氏、大夏等西域数国，足迹遍及天山南北和中亚、西亚各地，深入了解了西域社会。

• 在河西走廊，汉帝国还设置了两个著名的军事要塞：玉门关和阳关，以扼守中国的西大门。但需要说明的是，汉代最早的玉门关在今天的嘉峪关石关峡，汉代在敦煌设玉门关之前，玉门关即在今石关峡，后来在五代、宋时仍有延续使用，这里有汉代的屯田设施和长城可为证明，玉门的地名即由此玉门关的设置而来。从这一刻开始，“两关”以东的地方在视野上已经毋庸置疑地被当作中原王朝的有效管理区域，中原汉文化亦开始在该地区传播、渗透并逐渐成为主流。河西四郡与玉门关、阳关，成了中原王朝迈向西域、中亚乃至更远、更西地区的基石与跳板。中国人的视野与脚步已不能满足于原有的山河，脑海中开始植入走向世界、统治世界的梦想，这是中国倡导大一统的秦王朝连想都没有想到的世界格局。

这里人们的风俗习惯以及草木、畜产都与中原不同，更有一种名为汗血宝马的优良马种，高大俊朗，绝非中原所见。

如果能够打通河西走廊这条沟通汉帝国与西域的咽喉要道，中原与西域的贸易往来就可以畅通无阻，汉帝国的视野也将更加开阔。

带着这样的想法，张骞决定尽快返回长安。

为了避开匈奴控制区，张骞决定改变路线，通过青海羌人地区，以免遭到匈奴人的拦截。

他们再次翻越帕米尔高原，沿昆仑山北麓，经莎车、于阗——也就是今天的和田，迂回北上返回长安。

意外的是，此时羌人也已沦为匈奴的附庸。

人物背景

卫青

在派遣张骞联络西域诸国之后，汉武帝也开始改变自汉初以来对匈奴的和亲政策，依赖“文景之治”所积累起来的财富，对匈奴发动了大规模反击，其中开启汉对匈战争反败为胜新篇章的则是大将军卫青。

卫青，平阳人，父为郑季，在平阳侯家为吏，“与侯妾卫媪通，生青”。姐姐卫子夫自平阳公主家得到天子宠幸，于是卫青和母兄卫长子一块冒姓为卫氏，后被封为大中大夫。

元光五年（公元前130年，《史记·年表》记为六年），汉武帝兵分四路，各领兵万骑：卫青为车骑将军，击匈奴，出上谷；太仆公孙贺为轻车将军，出云中；大中大夫公孙敖为骑将军，出代郡；卫尉李广为骁骑将军，出雁门。卫青果敢大胆，出其不意，深入敌境，直取茏城，“斩首虏数百”，顺利凯旋。“茏城大捷”改变了汉初“匈奴军队不可战胜”的神话，大大鼓舞了汉军士气，成张骞实在是时运不济，再次成为匈奴骑兵的俘虏。

这一次,张骞认为自己必死无疑。

但,令人惊奇的是,匈奴首领再一次宽恕了这个逃跑的汉人使者。

在匈奴人的营地里,张骞几经周折,回到了他的妻子——那个善良的匈奴女身边。

公元前126年春。

匈奴军臣单于病逝，张骞抓住机会,再次出逃。

这一次，匈奴妻子义无反顾地和他一起踏上了东归的行程。

从甘泉宫出发那一刻算起,一个13年来杳无音信、几乎被遗忘的男人,突然像穿越时空一般,活着回来了。

当这个男人再次望见巍峨的长安城时，匍匐在地、长跪不起。

公元前126年,张骞从遥远的西域神奇归来,京城为之轰动。

此时的他，已经从一个英姿焕发的青年变成年近不惑、饱经风霜的中年人。当年出使的使团,今天回来的也只有他和堂邑父、匈奴妻子,还有他带回来的西域地图和从未见过的植物种子，以及他未曾泯灭的梦想。

张骞将西域诸国丰富的物产、奇异的风俗,以及山川地貌,向汉武帝和众大臣做了详细汇报。

张骞的讲述，让包括汉武帝在内的所有人都听得入了迷。

为汉匈战争的转折点,为汉帝国进一步反击匈奴奠定了良好的心理基础。

元狩四年（公元前119年）春,汉武帝派卫青、霍去病各率五万骑兵,兵分两路,进攻匈奴。卫青过定襄,出塞千余里后,与以逸待劳的匈奴单于主力遭遇。在这种敌强我弱、敌多我少的情况下,卫青用武钢车迅速环节成阵,并派五千骑兵配合中军冲击匈奴,匈奴则出动一万骑兵迎战。恰好在这个时候,风沙大起,沙粒击面,两军不能相见。卫青抓住这次有利时机,派出两支队伍,从左右翼迂回包抄了匈奴单于大营。匈奴单于见战事不利,突围向西北溃逃,卫青乘夜追击,到天亮的时候,斩敌首万余,追敌二百余里,直至窴颜山赵信城,“得匈奴积粟食军”，整编一日之后,将其烧毁,班师回朝。此次“漠北大战”堪称“以弱胜强、正奇兼善”的经典战役,歼敌一万九千余人,彻底打垮了匈奴主力,使其再无能力南下窥视汉庭,开始大规模向西北迁徙,出现了匈奴“漠南无王庭”的局面,河西走廊至此完全归汉,丝路畅通,汉帝国对世界的大门彻底打开。

张骞13年起伏跌宕的出使经历，对于汉帝国来说无疑是一个令人振奋的地理大发现。

这位探险家的独特经历及其一番域外奇谈，立刻引起汉武帝的强烈兴趣，并被史官司马迁收录在《史记·大宛列传》中，成为后人了解西域最宝贵的资料。

司马迁称赞张骞通西域的壮举有“凿空”之功，绝非妄言。

张骞的所见所闻让地处亚洲东部的汉帝国视野大开，他们的目光已经可以越过巍峨的崇山峻岭，穿过河西走廊，看到了西域、中亚、南亚，一直到罗马帝国。

一切都显得那么真实，那么振奋。

汉武帝封张骞为太中大夫。

授堂邑父为“奉使君”。

但跟随张骞的匈奴妻子在历史典籍中鲜有提及，我们只知道，一年后，她染病故去。

在漫长而艰辛的出使西域途中，因为这个女人，张骞不再孤独——两千年后，人们更有理由相信这一点。

汉武帝对张骞这次出使西域的成果非常满意，这将是汉帝国随后在西域开展军事和外交攻势的基础，也使汉武帝最终坚定了打败匈奴的信心。

这些宝贵的情报使得汉帝国与匈奴人的决战不再是一场盲目的复仇。

尽管距离分出胜负还为时尚早，但打通河西走廊这条通往西域的必经通道，斩断匈奴右翼，并且让它永远成为帝国的一部分，成为汉武帝的国家战略。

3 年后。

公元前 123 年二月到四月。

已经晋升为大将军的卫青率六路大军先后两次进攻匈奴。

汉武帝命张骞以校尉军衔跟随卫青出击漠北。

张骞利用他熟悉匈奴军队特点、具有沙漠行军经验和丰富地理知识的优势，为汉朝军队做向导，指点行军路线和扎营布阵的方案。

司马迁在《史记》里写道，张骞"知水草处，军得以不乏"，确保了战役的胜利。

战后论功行赏，汉武帝封张骞为"博望侯"。

"博望"是取其能"广博瞻望"的意思。

张骞完成了他的历史使命。

河西走廊也因此记住了这个坚忍不拔的探路者。

在那个风云激荡的时代，这个星球的亚欧大陆上，几个国家的兴衰故事正在轮番上演——亚洲西部的恒河平原，古印度的孔雀王朝刚刚落下帷幕；

波斯，生机勃勃的安息王朝正在崛起；

而在欧洲南部，一个名叫"罗马"的伟大国家已经诞生。

历史的巧合，让罗马的东征与地处欧亚大陆东端的汉帝国的西征，在几乎同一时期遥相呼应。

此时，汉帝国与匈奴的对决已愈演愈烈。

打通河西走廊，挺进更加广阔的世界正成为这个中原帝国越来越清晰的宏阔梦想。

第一集
使者
河西走廊
HEXI CORRIDOR
CHINA'S WILD WEST

第一集　使者

叶　舟

使团到来的日子　客栈的
公鸡　梦及了右贤王失足坠马

一病不起　那时候　帝国的北方
迎来了夏季　关于苜蓿　关于

版图和龙城　尚在以后的叙事里
洒扫庭除　开门纳客　长安的

青年张骞　第一次投进了
河西　惊诧　长跪涕零

哦　那一刻气血奔涌　那一刻的
汉家宫阙　诗词用来下酒

明月可以洗心　没有人去追究
雄心的疆域　如同天空不会怪罪

巨鹰的轨迹　持节的人　就此
质押自己　让时间一点一滴

磨砺成针　绣入一片曙色中
成为传说　以及漫山遍野的今日

通道

公元前 140 年

一个男婴降生在汉武帝刘彻的姐姐平阳公主府里。

他的母亲卫少儿是公主府里的女仆，父亲则是平阳县一个地位卑微的官员。

他们给这个孱弱的婴儿起名霍去病。

此时，已经是刘彻登上皇位的第二年，

看上去，霍去病与皇帝的命运不会有任何交集。

但 16 年之后，就是这个霍去病，肩负起了汉帝国打通河西走廊的使命。

一个阳光灿烂的午后,汉武帝在他的爱将卫青陪同下来到羽林营视察。

此时,汉帝国与匈奴都在紧张备战,伺机发起更大规模的战役。

训练有素的职业军官将是决定战场胜败的关键因素之一。

他们的目光紧紧盯着正在指挥军士进行格斗训练的少年军官霍去病。

这个出生在平阳公主府普通女佣家的婴儿原本命运平平淡淡，但转机很快就悄然而至——

由于他的姨母卫子夫被汉武帝带入宫中并成为皇后，霍去病也从仆人的儿子瞬间变成了汉帝国的皇族成员。

而他的舅舅正是汉帝国冉冉上升的高级军事将领,卫青。

尽管前程锦绣的霍去病可以享受宫廷的奢华生活,但他却偏偏喜欢舞刀弄枪,从小耳濡目染的,都是关于秣马厉兵的风云战事与帝国战略。

他酷爱军事,喜欢骑射,每天跟着舅舅厮混在羽林营中摸爬滚打。

汉武帝十分喜爱自己这个虎虎生风的外甥。

在看过霍去病的训练之后,汉武帝建议霍去病要向古人学习,熟读兵法。

没想到，霍去病却和刘彻争辩说："打仗应该随机应变，光学古时候的兵法是没有用的。"

霍去病犀利、敏锐的思维方式让汉武帝感到后生可畏。

此时，汉帝国与匈奴的生死缠斗仍在持续进行。

匈奴每年侵扰汉朝的边境，杀掠汉朝的官员和百姓。

经历了几十年的积累，汉帝国的国力已达到最强盛的时期。面对匈奴的一再挑衅，汉武帝终于下定了全面反击的决心。

从公元前129年开始，他先后发动了几次战役，解除了匈奴对汉都城长安的威胁。

而张骞带回的关于河西走廊及广阔西域的信息，极大地激发了汉武帝向西拓展的信心。

自从生活在河西走廊的月氏部落被匈奴驱逐之后，匈奴单于便把走廊东段封给了休屠王，西段封给了浑邪王。

通过这条走廊，匈奴王朝向西可以控制西域诸国，向南可与羌族结成对抗汉朝的联盟，对汉帝国西部地区构成严重威胁。

假若汉帝国能夺取河西走廊，那么，既能解除匈奴从西方对中原腹地的威胁，又可斩断匈奴与羌族部落的联盟，大大削弱匈奴的势力范围，斩断匈奴的右臂，打通前往西域的通道。

汉武帝刘彻知道，汉匈之间的战争是极其特殊的。河西走廊远离交通线与人口稠密地区，很难及时得到来自后方的补给。更何况拥有强大骑兵的匈奴人，作战方式灵活多变，突然性强，这让习惯两军对垒的汉帝国军队防不胜防。

公元前123年，大将军卫青率十万大军与匈奴单于主力对决，17岁的霍去病以骠姚校尉的军阶随队出征。

在其中的一次战役中，卫青所率主力部队伤亡惨重。

但初出茅庐的霍去病却率领八百骑兵孤军深入，立下战功。

这次战役引起汉武帝的高度关注，他赐封霍去病为“冠军侯”。

年少轻狂、冲动骁勇的霍去病，没有任何实战经验的束缚，更不按常理出牌。

这个皇家年轻军官所采用的轻骑兵快速突袭的战术正是汉武帝所期待的。

这是位于河西走廊武威市的雷台汉墓，“马踏飞燕”的出土地。

1983 年，“马踏飞燕”被国家旅游局确定为中国

旅游标志。

这匹青铜铸成的骏马，从两千多年历史的硝烟中奔驰而来，它三足腾空，右后蹄踏一飞鸟，鬃毛飞扬，飘逸灵动。

汉帝国纵横千里、万马奔腾的激情岁月在河西

时代背景

公元前 221 年，当秦始皇“览八荒、扫六合”、统一中国的时候，尽管他雄心大略，却也无暇给河西乃至西域以更多的关注。尽管在公元前 220 年，始皇帝“巡陇西、北地，出鸡头山，过回中”，但是他并没能跨越陇山，将视野投放至更西的区域。秦始皇初并天下，这个时候的中原王朝将主要精力用在作制明法、宾服黎民、建设长利、端平法度，因此不惜耗费大量国力、财力，设郡县、通直道、修长城——此时秦王朝的立国态势面向内部，无暇把更多的精力投入到河西。直至秦末汉初，中原政治势力在西部的经略范围亦不过如此，仅仅到达陇西的范围：项羽灭秦后立刘邦为汉王，刘邦即任命郦商“以将军为陇西都尉”；汉五年（公元前 202 年），以齐人刘敬戍陇西；文帝时，曾调袁盎为陇西都尉。不过自此开始，西北方的少数民族开始频繁介入中原王朝的政治生活。在国内趋于安定的内部环境下，汉帝国与西北少数民族的矛盾逐渐凸显和放大，

半个多世纪的实力积累和变化，也使得汉武帝在满怀自信的同时开始考虑整个帝国的生存空间问题：作为最高执政者，他终于意识到，为了国家的生存与发展，对河西走廊这个战略通道的疏通与控制在所难免，因为只有打通这一关节才谈得上向西部的纵深拓展。经过一系列纵深复杂的试探、沟通、缠斗、恩怨、冲突与战争之后，长期以来为少数民族控制的天然通道——河西走廊，终于在汉帝国的经略下正式并入中原王朝的国家版图。

走廊上留下了它的见证。

毫无疑问，匈奴的军事优势在于骑兵，骑兵的关键在于优质战马，这恰恰是汉帝国所缺乏的，也正是汉军常常被匈奴牵制的重要原因。

当汉武帝刘彻登基时，大力发展优良战马便迅速成为重中之重的国策。

汉朝的军队开始了职业化进程，不再是平时耕种、到战时才征召的农民。骑兵战术也在与游牧民族不断交锋中逐渐成熟。在帝国丰盈的财政收入保障下，骑兵数量也急剧膨胀，一度竟拥有甲兵45万、军马60万匹，相当于中国现役部队总兵力的五分之一。

看上去，万事俱备，只欠一次在河西走廊上酣畅淋漓的胜利。

多年以后，当烈士暮年的汉武帝蓦然回首时，他或许还会记起：

在实现帝国梦想的道路上，发生在戈壁大漠上的生死搏杀是多么令人心悸。

基于打通并有效控制河西走廊的战略意图，汉

武帝决定发起河西战役。

初战告捷的冠军侯霍去病成为汉武帝突击河西走廊的首选。

与其说选择喜欢冒险的霍去病,倒不如说汉武帝本人更喜欢冒险。

乌鞘岭位于甘肃中南部,是河西走廊东端的起点,平均海拔3000米,两侧的山势在这里开始收缩,它是河西走廊的咽喉,也是长安通往河西走廊的主要通路。

公元前121年,早春时节。

壮志凌云的霍去病站在大雪纷飞的乌鞘岭上,手中握着张骞提供的河西走廊地图。

在他的身后,一万名精锐骑兵正在翻越天寒路险的隘口。

他的前方没有尽头。

他的国家需要这条通道。

就在这个不同寻常的春天,从乌鞘岭进入河西走廊的霍去病率部急速转战6天,连续扫荡了匈奴五个部落。

抗拒者以武力征服,降服者则予以安抚。

随即,霍去病越过匈奴人放牧的天然草场焉支山,连续疾进500公里,斩杀了匈奴折兰王、卢胡王，歼灭匈奴军近万。

惊慌失措的匈奴休屠王和浑邪王率残部逃走。

霍去病追击到河西走廊西端的敦煌才收兵回撤。

这是霍去病骑兵闪击战术的首次正规试验，结果大获全胜。

年轻的霍将军完全按自己的战术思想单独指挥一支劲旅打了一场漂亮的运动战。

霍去病凯旋归来。

但汉武帝仍然心有遗憾，他把霍去病召进宫中，彻夜长谈。

这次河西作战，虽然深入匈奴境内近1000公里，大军贯穿整个河西走廊，但由于只有平推，没有聚歼，使休屠王和浑邪王逃之夭夭，没能达成围歼匈奴主力的既定目标。

就在这次讨论中，一个新的作战计划逐渐成形——

为了迷惑敌人，由老将公孙敖率军从东面进攻，吸引匈奴的注意力，霍去病趁机绕道闪击匈奴后方。

同时，博望侯张骞、郎中令李广各带一路人马，分两路纵队切断匈奴援军的路线。

如果计划顺利实施，那么，霍去病和公孙敖将在河西走廊会师，形成东西夹击，彻底聚歼休屠王和浑邪王部落。

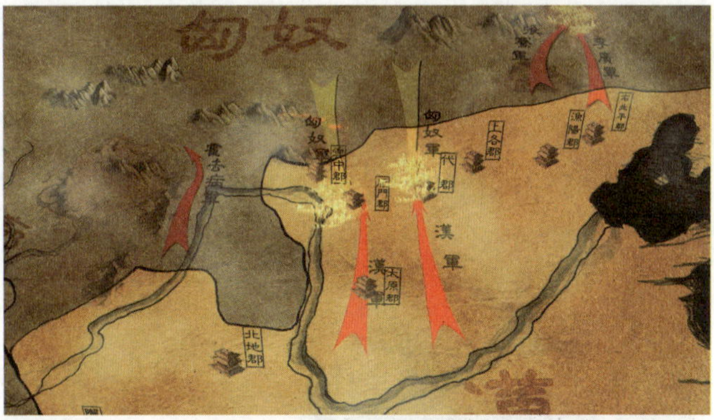

他们为这个充满想象力的作战计划激动不已。

3个月后,公元前121年夏天。

汉武帝下达了出击的命令,汉帝国的军队按预定作战行动从3个方向出发。

匈奴单于也派出数万骑兵南下,快速进击代郡、雁门,分散汉军兵力,以期达到汉军不敢放手全力攻击河西走廊右贤王部队的作战目的。

汉匈之战,在数千里的广阔地带展开并迅速推向高潮。

霍去病率领经过严格挑选的精锐骑兵向西北挺进,渡过黄河,跨越贺兰山,横穿大漠,至居延泽,再由西北转向西南,长驱深入达1000公里,按照计划绕到匈奴军队的后方。

但此时霍去病发现,如此精心策划的第二次河西之战出现了意外——

公孙敖部由于在行军中迷失了方向,未能按预定的计划和霍去病会师。

这令霍去病的奇袭之师突然陷入困境。

此时,他只有两种选择:

要么罢兵而归;

要么全部依靠自己的力量,独立完成河西歼敌的重任。

旷野之上,帝国的骑兵和马队整装待发。

霍去病决定铤而走险,向匈奴浑邪王和休屠王的部队侧背发动攻击。

寂寞荒凉的戈壁滩上骤然战马嘶鸣、杀声震天。

匈奴人做梦也没想到,他们防线的背后会突然遭到袭击。

措手不及的匈奴主力部队根本无法组织起有效的抵抗,遭到毁灭性打击。

焉支山,是祁连山的一条支脉,位于河西走廊中部的张掖市山丹县。早在两千年前,匈奴人就在焉支山下这片天然的草场上饲养良种战马。今天,这里仍然是世界上历史最悠久、亚洲规模最大、世界第二大的马场。

这里的人骄傲地告诉我们:“我们的第一任场长就是霍去病。”

河西之战后,霍去病的大军接收了这片匈奴人饲养战马的梦幻之地——山丹。

从此,汉帝国有了理想的军马养殖基地,高原环境培养出的马匹质量远远超过中原马。

被霍去病击溃的匈奴唱着悲凉的歌退出祁连山牧场。

亡我祁连山,使我六畜不蕃息;

失我胭脂山,使我妇女无颜色。

兴奋的汉武帝刘彻下诏表彰霍去病的战功,并为他建造了一座豪华府第。

听说此事的霍去病向汉武帝上奏说:“匈奴未灭,何以家为?”

史官司马迁记录了霍去病这句话并成为流传千古的铿锵名言。

但,霍去病的辉煌难掩另外一个人的失意。

在这场宏大战役中,作为牵制匈奴人行动的李广与张骞部队,却陷入敌人的重围遭遇惨败。

张骞因贻误战机，免去博望侯，成为庶民。

从巅峰瞬间滑落到低谷，个中滋味，只有经历过的人才能体会。

连续发生在河西走廊上的春夏大战让匈奴感到异常焦虑。

一旦失去对河西走廊的控制，就再无法形成对汉帝国的封锁与围堵，匈奴王朝的战略优势将丧失殆尽。

愤怒之极的匈奴单于打算召回并杀掉浑邪王、休屠王。

听到风声的浑邪王和休屠王万般无奈，决定投降汉帝国。

但得知这个消息的汉武帝担心有诈，踌躇再三，决定派霍去病率领部队前去受降——

这是霍去病一年之内第三次受命出征河西走廊。

尽管浑邪王和休屠王两次战败，但他们仍然拥有数万军队，而且，受降地点远在匈奴境内，很有可能出现预料不到的突然变化。

当霍去病率领1万骑兵尚未到达河西时，休屠王果然临阵变卦，拒绝降汉。

人物背景

霍去病

霍去病生于建元元年（公元前140年），这一年汉武帝刚好初登大宝。建元二年，卫子夫荣蒙天子宠幸，由于这层关系，卫家的社会地位发生了翻天覆地的变化：卫青做了太中大夫，少儿改嫁詹事陈掌，君孺亦为太仆公孙贺之妻，而霍去病也立马从奴仆后代变成贵族子弟。从此之后，卫家的社会地位青云直上，卫青因为军功先后被封为关内侯、长平侯、大将军。元朔元年（公元前128年），卫子夫也因生皇子刘据被封为皇后，霍去病因此成为京中头号贵族少年，通过自身的家庭人际资源，他得以有接触上层、顺利步入仕途的机会。同时，年少的霍去病也一直被庇护在舅舅卫青的光环之下，因而在霍去病的成长过程中，卫青自然也在一定程度上对他起着榜样和模范的作用：霍去病一方面从小接受军事训练，尚武的思想根深蒂固；另一方面也应在精神上受到舅舅“涤荡匈奴、马一场血腥的内讧不可避免——

浑邪王杀掉休屠王并收编了他的军队。

但浑邪王自己也举棋不定。

面对人心浮动、剑拔弩张的受降场面，霍去病淡定自若，策马走入匈奴军营，来到浑邪王面前，命令军士将正要逃跑的匈奴兵就地杀掉。

震惊不已的浑邪王只得交出佩刀，在汉军卫队护送下前往长安面见汉武帝。

就在公元前121年即将结束的时候，历经3次河西之战的霍去病和他的精锐部队纵横驰骋，终于全线打通了河西走廊。

著名的"河西之战"落下帷幕。

连续三次河西战役对汉匈双方力量的消长产生无法估量的巨大影响——

匈奴再难以依靠西域地区诸国和羌族诸部落的人力、物力、资源从西方发动对汉的进袭。汉帝国西部边境地区，也由此获得了相对安定发展的有利条件，并形成了从西面屏护京师长安的安全地带。

这一年，汉帝国首次设置武威、酒泉两郡，河西走廊并入中原版图。

而青春洋溢的霍去病刚刚19岁。

经过河西之战后，汉匈战争的攻守态势发生逆转，但北撤的匈奴并未屈服。

公元前119年夏，为巩固河西战果，卫青和霍去病各带一路大军发起了规模空前的"漠北大战"，直击匈奴单于本部。

霍去病的部队在全歼匈奴主力之后，一路冲到被匈奴人视为圣地的狼居胥山，并率大军进行了祭

革裹尸"英雄气概的影响。

正因如此，公元前123年，年方十八的霍去病即得到了汉武帝的赏识，"幸，为天子侍中"，得以出入禁内。因为擅长骑射，当年他就被封为骠姚校尉，跟随大将军出征匈奴，并拨八百勇壮轻骑归其指挥。在交战过程中，霍去病奔驰数百里奇袭匈奴，"斩首虏二千二十八级，及相国、当户，斩单于大父行籍若侯产，捕季父罗姑比"，大胜而还。此次"漠南之战"，相对于霍去病的战果而言，卫青率六将军出定襄，虽斩首万余人，但苏建、赵信所率部三千余部属与匈奴单于大军遭遇，"与战一日，汉兵且尽"，且赵信归降匈奴。相比之下，霍去病的胜利显得难能可贵，所以汉武帝赐封"冠军侯"，取其勇冠三军之意。初战告捷，使得霍去病脱颖而出，由此成为之后汉武帝用兵过程中的首选将领。

元狩二年春（公元前121年），霍去病被任命为骠骑将军，率领骑兵一万余人，出陇西，进攻匈奴，史称"河西大战"。年方十九的霍去病在这次战役中展示了超凡的气魄，他历时六天，

天仪式，史称“封狼居胥”。

从此，匈奴再也没有能力和汉朝进行大规模的作战。

这一年，霍去病22岁。

此时汉帝国国力强盛，蒸蒸日上，不仅陆续收复了秦帝国时代的领土，还继续开疆拓土，在今天的广东、广西、贵州、云南、宁夏、甘肃设立了郡县行政建制。

在汉武帝心中，他强烈渴望能建立一个疆域万里，远方的人将通过九重翻译来朝见，在邻邦中建立威德的国家。

河西之战结束后，汉帝国通往西方世界的大门打开了。

公元前119年，汉武帝再次征召从巅峰跌落谷底的张骞第二次代表国家出使西域。被任命为中郎将的张骞率领一支300人的庞大使团，携带帝国出产的丝绸、瓷器、茶叶和牛羊币帛等财物浩浩荡荡地向西域进发。

此时，河西走廊已在汉帝国掌控之中，张骞和他的使团不再担心匈奴轻骑的威胁与骚扰。

在大漠中闪电奔袭，转战匈奴乌盭、遬濮等五大部落，“过焉支山千有余里”，并在兰州皋兰山大胜匈奴卢胡王、折兰王等：二王战死，浑邪王子及相国、都尉被俘，“首虏八千余级，收休屠祭天金人”，汉武帝因此加封霍去病食邑两千户。

同年夏天，汉武帝决定乘胜追击，展开收复河西的战役。霍去病与合骑侯公孙敖出北地，博望侯张骞、郎中令李广出右北平，相互配合，攻击匈奴。但是，战争的形势并未像预料中的那样发展：李广部被匈奴左贤王包围，张骞的部队却迟迟未来，因而出右北平的这支汉军“死者过半”，不能成功接应；同时，配合霍去病的公孙敖在沙漠中又迷路了，未能顺利会合，此时霍去病又再次孤军深入敌境。就是在这样不利的局面下，霍去病“踰居延，遂过小月氏，攻祁连山”，俘获匈奴酋涂王，纳降两千五百人，斩敌三万两百人，同时还“获五王，五王母，单于阏氏、王子五十九人，相国、将军、当户、都尉六十三人”，汉武帝也再次益封霍去病五千户。

当年，张骞在离开西域时曾郑重许诺说，总有一天，他会回来的。

如今，他兑现了自己的诺言。

这一次，他们顺利抵达了西域的乌孙国，表达了结盟的意愿。

在这期间，张骞还派副使分道赴大宛、大月氏、大夏、安息、身毒和天山以南的于阗、扜弥等地进行访问，在汉帝国与天山南北及中亚地区之间建立起了友好关系。

张骞和他的使团将来自中原的物产和先进的生产方式传到了西域；西域的名马、银器及毛织品等当地特产也源源不断地传到了中原。西域各国纷纷遣使来汉，开始了政治、经济方面的广泛交流，这在河西走廊很多现存文物中都有所体现。

西方的音乐、舞蹈、绘画、雕塑、杂技纷纷进入中原，我们今天熟知的葡萄、胡萝卜、石榴等瓜果蔬菜，以及骆驼、狮子、鸵鸟等物种也陆续沿着这条走廊传入中原内地。

毫无疑问，张骞的第二次出使，促进了西域和内地的经济文化交流，同时也奠定了中原王朝对新疆地区的管辖和开发的基础。

遗憾的是，河西走廊上出现的繁荣景象，霍去病无缘再见。

公元前 117 年九月，年仅 23 岁的霍去病突然去世。

他短暂而又辉煌的一生，犹如一颗耀眼的彗星，光芒四射地划过天宇，又匆匆地消失在茫茫的夜空之中。

悲痛的汉武帝用国礼厚葬了自己的这位爱将，并把他的墓修成了祁连山的样子。

他的灵魂与河西走廊融为一体。

还有伫立在时光斑驳的岁月中的马踏匈奴雕塑。

时至今日，在河西走廊东面的兰州市，依旧塑有霍去病的巨大雕像，人们以这样的方式来纪念这位征战河西的英雄。

在霍去病辞世两年后，结束了第二次西域之行的张骞被汉武帝任命为大行令。

只可惜，这样的荣耀来得太晚。

一年后的公元前 114 年，张骞与世长辞。

由此，一段波澜壮阔的铁血岁月落下帷幕。

公元前 112 年十月，45 岁的汉武帝刘彻率领上万骑兵部队出巡雍州，最后抵达甘肃靖远的黄河岸边。

秋季的黄河汹涌澎湃。

汉武帝向着西方极目远眺。

此时此刻，远方的祁连山连同咽喉一样的河西走廊已经成为中原版图的一部分。

汉帝国的使者、商队、军队，正通过河西走廊源源不断地奔赴富饶的西域。

尽管他一生都没有踏上河西走廊，但他知道，为了打通并且经略这条走廊，有无数汉家将士为之浴血奋战，忠骨销魂，长眠戈壁大漠。

但，所有的付出都是值得的。

一年以后。

公元前 111 年，汉帝国在河西走廊的四个行政管理区设置完成。

它们是：

武威、张掖、酒泉和敦煌。

酒泉、敦煌扼守西部关口，张掖居中，武威则临界古金城府——也就是现在的兰州。

河西四郡的每一个命名都有着独特的含义。

武威，即武功军威之意，以显示汉帝国的武功和军威到达河西。

张掖，断匈奴之臂，张汉朝之臂腋。

酒泉，扼守河西走廊西北要冲，因城下有泉，泉水若酒，故名“酒泉”。

敦煌，即盛大辉煌之意。

汉武帝选择以这样一种方式将他经略西部的梦想留在了河西走廊上。

同时，在河西走廊，汉帝国还设置了两个著名的军事要塞：玉门关和阳关，以此扼守西大门并建立了面向西域的前进基地。

这两个屹立于西北大漠的古代名关是河西走廊去往西域的必经之地，在敦煌以西约八十公里的地方，一南一北，分扼天山南北路的咽喉。两千年来见证无数历史沧桑，被世人千古传唱。

两千年云烟聚散，直到今天，尽管当年的四郡变成了如今的河西5座城市，但，河西走廊的格局和其中四座城市的名称依旧没有改变——

武威，金昌，张掖，酒泉，嘉峪关。

河西走廊的打通，为汉帝国带来了继续前行的机遇。

公元前60年，汉帝国设立西域都护府，将今天新疆和中亚一带广大地区并入版图。

至此，通向亚洲腹地与遥远地中海的商路完全打开。

此时，再回望地处河西走廊上的河西四郡的命名，更能感悟到汉武帝的智慧与深远眼光——

只有控制了河西四郡，才能通过河西走廊从匈奴手中夺取并完全掌控西域，汉朝的版图才能到达帕米尔高原以西；

在此后的两千多年里，这块土地和这条生死攸关的战略通道将在中国历史上扮演重要角色。

而打通河西走廊，对于汉帝国而言，不仅仅具有重要的军事价值，更奠定了东西方文明交融的基本格局。

此时的汉朝已经成为和罗马比肩的伟大帝国，在两个帝国之间，是安息与贵霜两个生机勃勃的王朝。

随着河西四郡的设置，河西走廊也从汉军与匈奴鏖战的战场，急速转变为汉朝抗御匈奴的前沿地域。

为了固守河西走廊，确保往来军民的安全，以长城为主体的防御体系逐步建立。

长城，是古代中国为抵御不同时期塞北游牧部落联盟的侵袭而被迫修筑的、规模浩大的军事工程。

最早的长城出现在春秋战国时代。

公元前214年，统一中国的秦始皇派将军蒙恬向匈奴发起进攻。在秦军占据河套后，开始有计划地将秦、赵、魏、燕等各国修筑的旧城墙连接起来，从甘肃临洮到辽东绵延万里。

公元前111年，汉武帝下令在河西走廊修筑东起永登、西至酒泉的长城等防御工程。已经停滞了一个世纪的长城开始越过黄河向西延伸。

数年后，汉长城又从酒泉延伸到了玉门一带，庞大的防御体系横贯了河西走廊的东

西两端。

这个防御体系在当时被称为河西汉塞,它由烽燧、城障、坞院、出入境关卡等组成。

公元前102年,汉武帝又命令在今天的内蒙古额济纳旗修居延塞。其北起居延泽,向南沿黑河河道延伸,分别与张掖塞和酒泉塞相连,在河西形成一个“人”字形的庞大的防御工事。

这3段防御体系组合严密、烽燧相连,有效地保障了河西走廊的畅通运行。

此后,随着汉朝向西拓展军事外交,河西走廊的军事要塞沿着疏勒河流域一直延伸到古盐泽地区,即今天的罗布泊。

它们不仅构成了一条军事防御线,而且还是交通线和供给线。汉帝国中央政府的邮驿系统也随之延伸至酒泉、鄯善、楼兰境内。

河西走廊一些缺石少土、流沙淤积的戈壁荒漠,给河西边塞的施工带来了很多困难。

于是,建造工匠本着“因地制宜、就地取材”的原则,将遍地而生的红柳、芦苇、芨芨草等植物茎秆创造性地运用到城墙与要塞的建筑之中。

河西汉塞因此成为中国最有特色的边塞建筑。

河西走廊也是今天汉长城分布最集中、保持最好的地区。

这些长城烽燧在河西大地上纵横伸展,两千年来始终屹立在戈壁风沙的苍茫岁月之中,见证着汉帝国对这条战略通道的宏大经略。

西域各国派往汉朝的使臣此来彼去，络绎不绝。

通过河西走廊带到西方的中国丝绸，源源不断地走向世界；

而西方的物种、珍宝，也沿着这条闪烁着丝绸光芒的道路，涌进汉帝国的都城长安。

在世界范围内的海运兴起以前，河西走廊是中原通向世界的最主要通路。

两千年后。

1877 年，德国地理学家李希霍芬在其所著的《中国》一书中，第一次将这条横贯亚欧大陆的古代通道命名为——

“丝绸之路”。

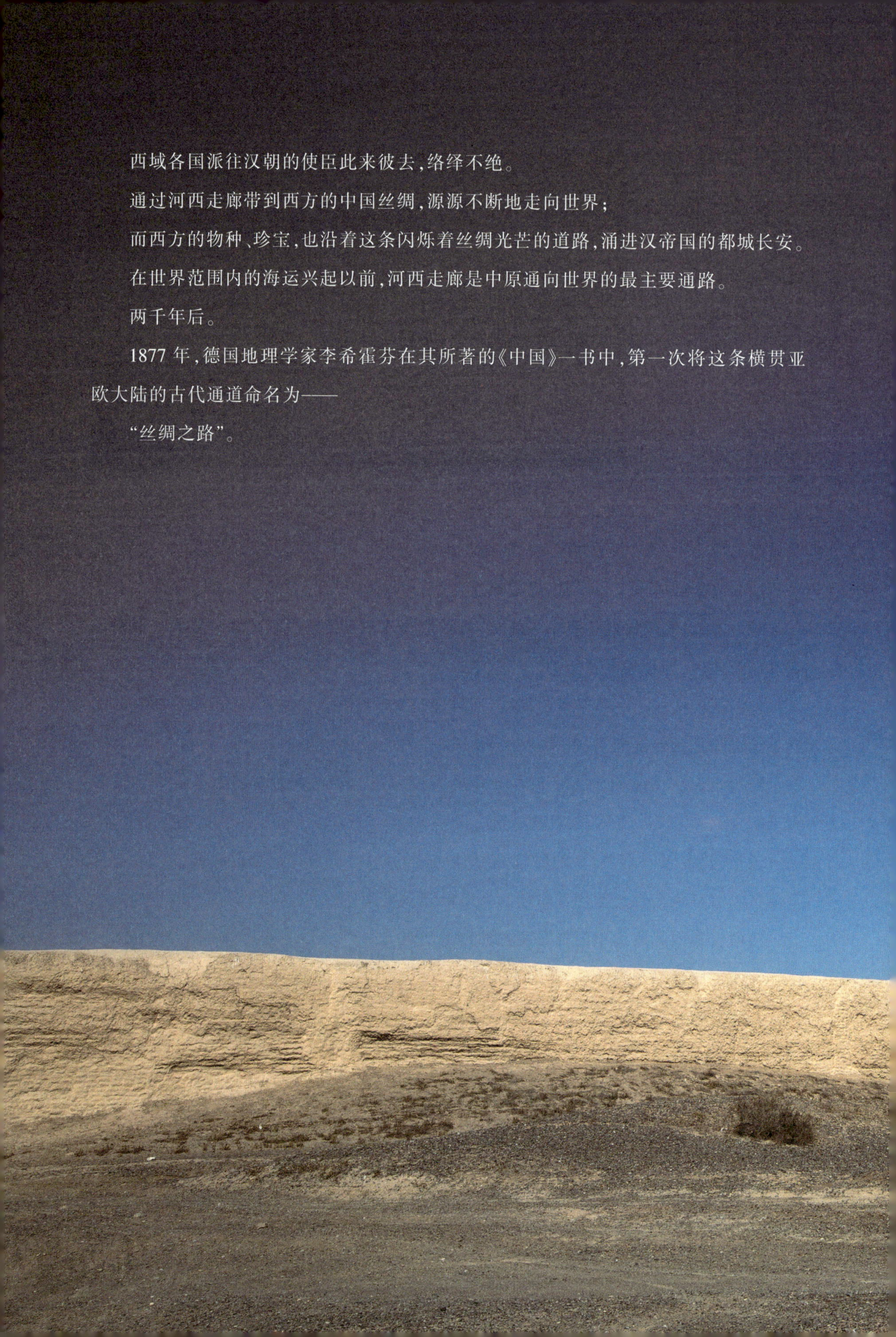

在长城烽燧与驿站、驼队的映衬下，记忆瞬间回到从前。

这是河西走廊的荣耀——

金戈铁马的烽烟岁月正在远去。

蜚声世界的丝绸之路已经启程。

第二集
通道
河西走廊
HEXI CORRIDOR
CHINA'S WILD WEST

第二集　通道

叶 舟

多少漠北　多少黄沙碧血
多少首级　篝火　杀戮和夜宴之饮

多少密集的箭矢,像冲突的内心
多少征衣　带着露水　多少寒凉

让一个人的骨骼清丽　多少回望
多少难以启齿的爱　干涸到底

多少辞别　多少马革裹尸
在丘陵　雪山　戈壁　多少一览

无余的热情　寂灭成灰
多少速度　多少蹄铁和巨石

砌筑了飞行　多少奔跑和跌仆
青春　回忆　燃情岁月中的丰碑

多少结盟　但走下去的还是自己
多少宫阙与丹墀　一册山河里

多少开疆斥土　犹如血红色的
晚霞　犹如一张无辜的羊皮

多少书写　被暗自传习
多少酒　胡舞　传唱　被夜色榨取

多少天空　忘了祭祀　多少
马背上的神祇　带着秘密的意志

多少里　才能返身看清自己
多少千回百转　配得上引吭一曲

| 驿站 |

公元前61年 汉·元康五年

清晨，一阵急促的马蹄声将悬泉置行政长官置啬夫从梦中惊醒。

从首都长安星夜兼程的邮差携带紧急公文到达这里。

置啬夫收到了一封装在木盒中并加盖封泥的凭信，他随即命令值班役卒给邮差准备早饭，更换马匹。

西北的黎明干燥寒冷，

祁连山的轮廓线清晰起来，通向西域的道路若隐若现，

远处驻屯部队营区里传来狗吠声。

对于地处河西走廊西北端的悬泉置来说，这将是格外忙碌的一天。

经过验证，这是汉帝国最高级别的公文，

公文中说：一个事关国家西部安危的汉帝国使团即将到来。

此时此刻，他们并不知道，

两千年后，人们将会发现这次接待任务的文字记录

和这里曾经波澜起伏的边关岁月。

1990 年 5 月，地处敦煌戈壁荒漠一个叫悬泉的地方发现疑似盗掘迹象。

随着甘肃省考古队展开的抢救性发掘，一座汉帝国时代的西部驿站——悬泉置，呈现在人们面前。

这是一座方形城堡，办公区、住宿区、马厩、瞭望角楼等设施完备。

从这里发掘出土的各类文物 17650 多件，其中，汉代简牍便有 15000 余枚。

自 19 世纪以来，中外考古学家在中国境内共发现汉简 8 万枚，其中 6 万枚出土于河西走廊。

对照文献记载解读这些汉简，两千年前汉帝国河西走廊的历史镜像逐渐凸显出来。

汉帝国反击匈奴的战争取得胜利，河西走廊并入中原版图后，汉武帝开始在河西走廊设置行政机构，武威、张掖、酒泉、敦煌河西四郡相继设立，长城、烽燧等防御工事以及邮驿系统也开始向西延展。

中国是世界上最早有组织传递信息的国家之一。

邮驿被视为“国之血脉”。

这是 1982 年邮电部发行的一张纪念邮票，邮票上的彩绘壁画《驿使图》出自悬泉置

以东300多公里的酒泉丁家闸壁画墓，跃马疾驰的信使手持凭信，快马加鞭，这是古代河西地区邮驿工作真实而形象的记录。

自春秋战国时代以来，国家邮驿机构就被称为“置”。

汉帝国的“置”不仅仅是传输公文政令的交通驿站，同时也是物资转运站和往来公务人员的接待站。

从中央到地方，从京师到边关，中央政令的下达，基层情报的上送，政府往来人员的接待等等，都是经由各级驿站来完成的。

悬泉置，隶属汉帝国河西重镇敦煌郡。

“啬夫”，是秦帝国与汉帝国时代县级以下官员的称谓。

“置啬夫”就是悬泉置这个邮驿机构的行政长官。

悬泉置由敦煌郡太守派员监领，置啬夫管理日常工作，并有官徒卒御37人，传车15辆，传马40匹，还有官牛和牛车。

在敦煌郡，像这样的“置”共有9处，它们从东到西，一字摆在通往西部边疆的通衢要道上。

汉帝国继承了秦的邮驿体系并进一步完善，五里设邮，十里设亭，三十里设驿传或置，全国各级、各地遍布的驿站，犹如一个庞大的信息网络，确保汉帝

时代背景

汉代河西的历史，除正史资料以外，最为可信的资料即是包括悬泉汉简、居延汉简、武威磨咀子汉墓中的汉简等众多汉简的记载。

汉代之后，河西最为丰富的魏晋墓和少数的唐墓中出现大量反映老百姓日常生产生活情节的画面，表现汉晋以来河西的农业生产生活与畜牧业场面。而河西处处可见的古城及其残垣断壁，是河西汉晋以来盛世的再现。

凉州是历史上河西的政治、经济、文化的中心，五凉政权除西凉和南凉外，其他几个政权都以凉州为都城。到了唐代凉州成为河西节度使所在地，其富庶与繁华达到顶峰，以至于有“小长安”的美誉，成为天下人向往的都市。唐玄宗就曾梦入凉州观元宵灯会，唐代一些大诗人在凉州有作诗赋词活动，杨贵妃喝的西凉葡萄酒就来自凉州，节度使哥舒翰在凉州请开元三大士之一的不空到河西建道场弘法，这里有西凉乐，有西凉的舞蹈，有凉州的美食。

国政令畅通，统治力高效强大。

从悬泉置出土的简牍中可以看到，过往悬泉置的主要有这样一些人：

西域各国的使者和宾客，汉帝国中央和地方政府的官员，归附汉帝国的羌人，官家奴婢，以及由政府统一安置的内地流民以及刑徒。

在悬泉置出土的汉简中，一件《元康五年悬泉置过长罗侯费用簿》的简牍引发众多专家学者的极大兴趣。

元康五年，也就是公元前61年。正是这枚简牍把我们带回了那一年的那个早晨。

公元前61年的那个早晨，传递紧急公文的邮差在悬泉置匆匆吃完早饭，翻身上马。

他的目的地是西方六十公里外的敦煌郡郡守所在地。

此时，在中国西北的天空下，大规模的征战渐渐平息，帝国生机勃勃，一切运作皆在掌控之中，维持西部边疆的稳定是朝廷决策者密切关注的重要事项。

尽管开疆拓土的汉武帝已辞世26年，但他所带来的影响却极其深远。

居延遗址

居延遗址分布在今内蒙古自治区额济纳旗和甘肃省金塔县的境内，1988年1月定为国家级重点文物保护单位。汉代时，居延、肩水两都尉均为张掖郡所辖，因此将其所建边塞城、障、烽、燧、塞墙等遗址现统称居延遗址。

20世纪，这里曾出土汉简约4万余枚，被王国维称为“二十世纪初中国学术界四大发现”(另外三个分别是殷墟甲骨文、敦煌藏经洞文书、故宫明清档案)。

悠久的历史，灿烂的文化，曾使居延遗址如同古丝绸路上的罗布泊和楼兰古国一样闻名遐迩。早在20世纪初，居延遗址由于俄国人科兹洛夫、英籍匈牙利人斯坦因和瑞典人斯文·赫定等人来华盗掠、调查，而引起世界的关注。新中国成立后，内蒙古、甘肃和中国社科院考古所的考古人员均在居延遗址进行过数次调查和发掘，出土了一批文书、纸币、文物及汉简。亭燧障塞、边城古墓、阡陌河渠，居延遗址内丰富的汉代文化遗存令考古者们乐此不疲，而这一区域内魏、隋唐和西夏蒙元时期的遗存也同样吸引着考古者的目光。这些分布范围广阔、同类文化遗存相对集在狭长的河西走廊通道上，出现在人们视野里的，是频繁调动的部队和参与屯垦的中原移民，漫长的军事防御工事，城堡，烽燧，还有络绎不绝的商队，昼夜穿行；串联在戈壁的驿站把急切的军令和温暖的家书，由内地传向边疆或者从边疆传回内地。

望着邮差飞驰而去的背影，置啬夫睡意全无。

他已接到通知：长罗侯常惠率领下的帝国外交使团即将经过他们驿站，并要在这里停留一晚。

对于置啬夫来说，常惠，是一个并不陌生的名字。

常惠，祖籍山西，是横跨汉武帝、汉昭帝、汉宣帝三个朝代的外交活动家。

公元前100年，他自告奋勇，随苏武一同出使匈奴，试图缓和汉帝国与匈奴的冲突。但不料被匈奴扣留19年。

常惠和苏武一样，不但没有妥协，而且在同匈奴王朝的抗争中表现出非凡的智慧和才干。

最终，他们被释放回国。

常惠的才能得到朝廷的认可，之后他步入朝堂，成为汉帝国处理西域外交事务的顾问。

中、文化特征鲜明的古代文化遗存，其内容涉及原始文化和有史以来居延地区政治、经济、军事、宗教、语言、文学、东西方文化交流及生态环境变迁等诸多学科领域，除具有较高的考古学术研究价值外，也有着潜在的开发利用之广阔前景。

中国科学院考古研究所对出土的《居延汉简》进行了校释，出版了研究《居延汉简》的专著《居延汉简甲乙编》。内蒙古自治区文物考古研究所会同阿拉善盟文物工作站组成考古队，于1983年9月10日和1984年8月到11月，两次对黑城遗址进行考古发掘。虽然这两次发掘的1.1万平方米的面积仅占全城总面积的十分之一，但已基本呈现出城内主要部分的建筑遗址，取得了这座城址建置沿革和城市布局的考古资料，并且出土了大量的文书和文物。

公元前61年,已是三朝元老的常惠率领一支使团从京城长安出发,他将途经河西走廊的悬泉置前往西域。

置啬夫记得,这应该是常惠第五次经过悬泉置。

这个使团的目的地是乌孙。

乌孙,一个古老的西戎部落,公元前二世纪曾生活在河西走廊。

他们在与月氏部落的争斗中落败,远走西域,最终在天山西麓伊犁河谷建立了一个国家——

乌孙国。

在河西走廊以西的广阔地带,散落着众多小国,这被张骞记录下来,史称"西域三十六国"。

乌孙国便是"西域三十六国"规模较大的城邦之一。他们拥有肥沃的土地和优良的牧场——阿拉山口和伊犁河谷是通向中亚和欧洲的必经之路。

此时,匈奴在退出河西走廊之后,急需依靠西域的人力物力稳住阵脚,辽阔富饶的西域因此成为匈奴的战略缓冲地带。匈奴王朝已经通过与乌孙结盟,间接控制了从伊犁河流域前往伊朗高原的交通线,若是匈奴完全控制这一区域,就可以从西北方向包围侵扰汉朝;

但,张开臂膀的汉帝国对西域也变得触手可及。

汉朝西部边境线沿着河西走廊迅速向西北延伸,汉匈两大势力在广阔的西域渐次上演了激烈的政治与军事较量。

公元前119年,当张骞第二次出使西域时,汉武帝已经形成了明确的国家战略——

积极推进与西域各国或是建交,或是结盟。

为此,张骞在第二次出使时,专程前往乌孙访问,说服乌孙首领猎骄靡派使节去往中原实地考察。

他的努力终于奏效,乌孙使者看到这个中原帝国的强盛景象,当即决定和亲。

汉武帝迅速做出响应,选派皇族女子——细君公主远嫁乌孙首领猎骄靡。

由此,汉帝国与乌孙开始确立结盟关系。

不久,老一代乌孙首领去世,新一代首领军须靡继位。

始终不能适应西域生活的细君公主抑郁而终。

消息传来，为继续与乌孙和亲，完成结盟西域的计划，汉武帝决定再派楚王的孙女、性格泼辣的解忧公主嫁给军须靡。

时光流逝，军须靡死后，按照乌孙风俗，他的弟弟翁归靡继位并娶了解忧公主。

解忧公主坦然面对命运的波折，最终和翁归靡生了三个王子和两位公主。

孤身异乡，解忧公主坚韧顽强地维系着汉帝国与乌孙的联盟。

转眼间，解忧公主已经在乌孙度过了二十多年的时光。

在遥远的长安城，派遣解忧和亲的汉武帝已经去世，但携带着大批礼物从长安去往乌孙的使团依然每年都会经过悬泉置。

但乌孙在与汉朝联合打击匈奴的问题上却没有采取任何实质性的行动，反而在求得汉公主的同时又接纳了匈奴之女为左夫人，一直在汉朝与匈奴之间徘徊不定。但即使这样，乌孙与汉的日渐亲密还是惹恼了匈奴。

悬泉汉简中的一次官方招待活动

悬泉汉简《元康五年悬泉置过长罗侯费用簿》记载公元前61年长罗侯常惠出使乌孙时，于悬泉置招待路过军吏的费用记录，非常详细，有羊、面、酒、鱼、豆、粟，每次招待的人数不等，最多时达300人。

这个记载是汉长罗侯常惠出使乌孙的历史事迹的真实记录。元康年号从公元前65年至公元前61年，共用五年。

《汉书》卷九十六下《西域传》记载：

西汉宣帝时，长罗侯常惠出使乌孙，在回来的路上，乘机发诸国兵共五万人进攻龟兹，谴责以前杀害校尉赖丹之事。龟兹王认罪说："是我先王在世时被贵人姑翼所误，我没有罪。"就捉姑翼送给常惠，常惠斩了姑翼。当时解忧公主派女儿到长安学鼓琴，汉派侍郎乐奉送公主女回乌孙，路过龟兹。龟兹王以前曾派人到乌孙要求娶公主女，还未回来。正巧公主女经过龟兹，龟兹王就留住公主女不让

公元前 74 年，乌孙受到匈奴和西域小国车师的联军攻击。

面对匈奴大军压境，解忧公主挺身而出，上书求汉朝出兵救乌孙。一封加急信函送抵悬泉置，之后一路快马直奔长安城。

二十多年来，解忧公主一直致力于建立乌孙与汉朝的联盟，这次危机使她看到了在两者之间实现军事联盟的机会。

不巧的是，当这封信到达长安时，恰逢汉昭帝驾崩，汉帝国无暇西顾。

汉宣帝继位后，思虑谨慎的他并未贸然出兵，而是决定先选派使节前往乌孙了解相关情况。

他想到了常惠。

常惠熟识匈奴及西域诸国的情形，而且他是解忧公主出嫁前在京城的好友。

公元前 72 年，常惠第一次出使西域。那一年，常惠应该有 50 岁了，但思维敏锐，气度不凡。

他一路西行，来到了位于河西走廊西端的悬泉置。

那也是置啬夫第一次见到这位传奇英雄。

接到了驿站递来的信函，解忧公主早早地就做好了迎接的准备。一别几十年，曾经无忧无虑的少年

走，又派使者到乌孙报告公主，公主答应了。后来公主上书宣帝，希望她的女儿同于皇族入朝朝见皇帝；龟兹王绛宾也很爱他的夫人，上书给宣帝，说自己娶汉的外孙女而为汉的女婿，希望能与公主之女一起入朝。元康元年，龟兹王和夫人同来朝贺，都受赐印绶。夫人号称公主，宣帝赐给公主车马旗鼓，歌舞、乐者数十人，丝绸珍宝共值数千万钱。留住了一年，又赠给大量的礼物送回龟兹。以后龟兹公主数次来长安朝贺。她喜欢汉朝的衣服和各种制度。归国后，修建宫室，设置禁道环卫，出入传呼，击钟鼓，如汉朝礼仪。《元康五年悬泉置过长罗侯费用簿》正是这一历史事件中发生的一个点。进一步说明，河西四郡的设立，长城（塞）的修建，对加强西域和中原友好交往，对中国各民族融合所发挥的积极的作用。

时光早已一去不返，如今两人都已饱经岁月，并且每个人的肩上都担着一份重重的国家使命。

形势紧逼，来不及细细道说这些年彼此的故事，常惠、解忧公主及乌孙首领开始商讨对付匈奴的对策，乌孙首领迫切表达了要发国内精兵，与汉朝共同打击匈奴的愿望。

随即，常惠辞别了解忧公主，与乌孙使者一起踏上了东返长安的路途。

公元前 71 年正月，汉宣帝下达了对匈奴的攻击命令。

五员大将兵分五路率领十五万骑兵向西开去。

但，熟悉西域事务的常惠并未出现在兴师动众的远征军中。

事实上，在这次大规模的军事行动展开之前，常惠就以校尉头衔带领十余名侍从经过了悬泉置。这看上去仅仅是一次例行出访，但，常惠的真正使命却是向乌孙通报汉帝国征讨匈奴的作战计划和部署，协调双方在军事上的联合行动。

因匈奴提前逃遁，汉帝国西进的五路大军无功而返，而常惠担任参谋长协调指挥的乌孙五万骑兵却意外地大获全胜。

这次军事合作，标志着汉帝国终于实现了自汉武帝以来在西域寻求军事同盟东西夹击匈奴的夙愿。

公元前 70 年，回到京城的常惠被帝国嘉奖，晋封“长罗侯”。

与此同时，汉宣帝希望常惠能立即再次出使乌孙，代表汉帝国答谢乌孙征伐匈奴的战绩。

临行前，常惠向汉宣帝提及了一件旧事：

7 年前，汉昭帝时期，西域龟兹王下令偷袭并杀死了汉帝国派往轮台进行屯田的校

尉赖丹并驱赶汉帝国派出的屯田士兵。

屯垦戍边，在当时是汉帝国巩固河西走廊这条战略通道与经略西域的重中之重。

张骞出使西域时，汉武帝就已经意识到河西走廊的军事与经济价值，要确保走廊的安全，首要目标是实现军事移民。霍去病打通河西走廊后，汉帝国随即启动了屯垦移民。设置河西四郡后，陆续征调前往河西走廊屯田的官兵高达18万人。

大批部队沿着河西走廊布防，他们“无事则耕，有事则战”，确保这条战略通道的稳定通畅。

在茫茫戈壁滩上，士卒们一边守卫边疆，一边开荒种地，修渠筑坝，把沉睡的土地唤醒，让绿洲充满生机。

两千年以后，在酒泉果园乡丁家闸魏晋墓和嘉峪关新城乡魏晋墓中发现的画像砖上，摹写了汉帝国河西走廊戍边士卒的屯垦画面。

这被当代文物工作者命名为《屯垦图》。

图中，士卒们持农具将谷物扬起；紧接着就是士卒扶犁耕地的画面，充分显示出当时屯垦已经具有相当的规模。

渐渐地，在祁连山下的河西走廊上，环绕着绿洲出现了村庄，越来越多的土地被开垦出来，人工灌溉系统出现了。

大规模屯垦戍边很快得到了报偿。

河西走廊率先成为新兴的农业区，中原发达的农业技术发挥着积极作用，从中原来的士兵将祁连山两侧的绿洲打理得欣欣向荣、井井有条。

《汉书·匈奴传》记载：

到汉宣帝时期，河西走廊一带已是“人民炽盛，牛马布野”，成为了中国西部地区的经济中心，有效地支援了从这里出发的中原王朝的部队。

从悬泉置一路向西，到达敦煌后再向西北行约90公里，在茫茫无边的戈壁上，经过千百年的风蚀，仍屹立着一座汉朝储备粮草的军需仓库遗址。这座仓库大约有一个足球场的长度，因北临疏勒河，被称为河仓城。

古人用船将酒泉、敦煌郡的粮草运到这里存储，以供玉门关、阳关一带的守卫军马食用。

但，汉帝国的西部屯田政策仍旧不断遭遇挑战。

随着汉帝国与西域往来的日益频繁，屯田戍边的范围也渐渐沿着河西走廊延伸到西域一带。

公元前78年，汉昭帝任命赖丹为校尉将军屯田轮台。随后，汉帝国的垦区拓展到车

师一带。

汉帝国的西部屯田计划令匈奴王朝感到恐慌。

他们怂恿龟兹、车师等国与汉帝国对抗，杀死了校尉将军赖丹，试图迫使汉帝国取消屯田计划。

这是一个极其危险的信号。

但当时因鞭长莫及，汉朝未能及时讨伐。

此次出使前，常惠向汉宣帝提起这件往事，并建议：汉朝在西域的势力已今非昔比，可以借助乌孙等盟国，让龟兹为杀死汉帝国屯田官员付出代价。

但汉宣帝不想扩大事端，拒绝了常惠的请求。

公元前70年，刚刚被封为长罗侯的常惠开始了他第三次西域之行。

在置啬夫眼中，常惠这次西域之行变化最明显的是随行人员的数量——上次只有10多人随行，而这次却是一支500人规模的精锐部队。

常惠到达乌孙，例行封赏后，在随后的密谈中，他将自己此行的计划向解忧公主和盘托出。

虽然汉宣帝拒绝了惩罚龟兹的请求，但常惠还是得到了汉帝国军方的支持。他将借此次出使乌孙的机会，顺道发动对龟兹的征伐，对于擅自行动的后果，他将独自承担。

解忧公主被常惠的胆识打动，坚定地站在常惠一边，她不仅说服了乌孙首领派出军

队参与此次军事行动，而且马上派出自己的使者前往西域诸国，商讨借兵事宜。

常惠在从乌孙返回长安途中，带领与帝国结盟的西域各国及乌孙数万人马兵临龟兹城下。这是一次规模空前的联合西域各国进行的征讨行动。

结果，兵不血刃，龟兹王为当年的行为郑重道歉并惩处了杀害赖丹的凶手。

尽管常惠公然违抗君令，但征伐取得了胜利，为汉帝国一雪前耻。因此，汉宣帝并没有惩罚他。

距离上次常惠东返长安，六年过去了。

公元前 64 年，常惠第四次受命前往西域。他率军解救了被匈奴围困在车师的汉侍郎郑吉以及其手下的一千多名屯田士卒，而且还带回了一封乌孙首领的书函。

面对汉朝国力日趋强大，为继续巩固乌孙与汉数十年的结盟关系，在解忧公主的提议下，乌孙主动上书，提出要立解忧公主的儿子元贵靡为乌孙太子，并请求以马、骡各千匹为聘，为元贵靡迎娶汉公主。

于是，公元前 61 年，为了汉与乌孙的再次和亲,常惠将再一次来到悬泉置。

置啬夫一早就开始紧张忙碌了。

这天上午,往来穿梭的行人,驿站的士卒,赶着马匹的商队像往常一样从悬泉置门前的通道上经过。

中原王朝经略西域的政策是奏效的。

汉帝国通过包括和亲、屯田、派驻官吏、经济馈赠、军事打击、以夷制夷等组合策略,正在赢得掌控西域的主动权。

中原的人们可以安心发展生产,南方的丝绸特产也有了输往域外的机会,丝绸贸易渐渐兴隆,漂亮华丽的丝绸汇集到洛阳,又从那里出发,沿着河西走廊输送到广袤的西域。

在悬泉置出土的汉帝国竹简上,人们可以看到当年详细记载的从武威到敦煌沿线驿站的名称以及里程。

从苍松、鸾鸟、小张掖、姑臧、显美、氐池到觻得、昭武、祁连置、表是,这些驿站精确地指出了丝路东段的行进路线。

丝绸之路的繁荣景象,沿途的驿站发挥着巨大的稳定器作用。

公元前 61 年的这个午后,置啬夫依然在紧张准备着,长罗侯常惠的使团预计会在下午到达这里。与之前的剑拔弩张不同,这一次常惠的任务轻松而欢快。

使团此行是要到乌孙接受迎娶汉帝国公主的聘礼。

日落之前,长罗侯常惠的使团抵达了悬泉置。

忙碌与欢乐的气氛达到高潮。

自解忧和亲,已经过去了四十年,汉与乌孙及西域的关系已经渐趋圆满。为了庆祝这一不同寻常的时刻,置啬夫专门准备了一个隆重的迎接晚宴。他早早备好了丰盛的食物,悬泉置处处洋溢着欢乐的气息。

那个傍晚的场景我们已经无法复原,但记录了此次接待事宜的汉简却留存至今。这就是《过长罗侯费用簿》,里面记录着此次过往的人数和消耗掉的食物。

这年深秋,长罗侯从乌孙返回。

一起回到长安的还有一支由 300 人组成的庞大迎娶使团,从乌孙首领到太子、左右都尉、大将等主要的高级官员,都分别派遣了使者。

这是有史以来乌孙派往汉朝规模最大、规格最高的一个使团。

一年以后，公元前 60 年，为了管理西域，汉帝国在乌垒城——也就是今天的新疆轮台县建立西域都护府，正式在西域设官、驻军、推行政令，开始行使国家主权。

4 年前在车师被常惠率兵解围的汉侍郎郑吉被任命为首位都护使，成为汉帝国管理西域的最高军政长官。

这就是《汉书·郑吉传》中所称的“汉之号令班西域矣！”

自此后，汉帝国在西域势力依然不断扩展，西域都护辖境越过葱岭，其所辖属国也由三十六国增为四十八国。

西域诸国派往汉帝国的贡使往来不绝于途。

“万国来朝”一时成为时尚。

地处河西走廊要冲的悬泉置始终车水马龙。

这些来自西域的贡使沿途为汉帝国军纪严整、运行有序而赞叹不已。

此时此刻，从武帝开始，经昭帝、宣帝，三代皇帝，共历六十余年，汉帝国倾其国力，锐意进取，军事与外交齐头并进，屯垦与戍边相互支撑，最终开创了汉与西域和平共荣的新局面。

而河西走廊，此后一直扼控中原通往西域的交通孔道，作为中原向西的外交和政治通道，成为西北边陲重地。

公元前 52 年。

在常惠的斡旋下，解忧公主的长子元贵靡成为乌孙国的大首领，乌孙也正式成为汉帝国的属国。

为辅助解忧公主和元贵靡，常惠再度出使乌孙。这段时间乌孙国内政局极其不稳定，担负着重大国家使命的常惠需要和汉朝保持及时顺畅的沟通。

就在此时，常惠被急召回京。

后将军赵充国去世了。

赵充国，陇西上邽人，也就是今天的甘肃天水人，是汉帝国彪炳史册的将领之一。

同朝多年，常惠对赵充国一直充满敬意。

而赵充国一直倡导的屯田戍边的理论，更是汉帝国经略西域的指导之策。

九年前，公元前 61 年，也就是常惠率使团前往西域迎取乌孙聘礼的同一年，76 岁高龄的赵充国为守卫河西走廊，不顾年迈，主动领兵出征。征战期间，赵充国三上屯田奏，总结汉朝已实行了多年的屯田经验，提出了屯田“对内可节约经费，对外可防御守备”的战略方策。

这三封屯田奏，将汉帝国的屯田措施提升到了战略高度，屯田政策得到了整个帝国的空前重视。

经历战争之后的士兵化剑为犁，在帮助当地恢复生产的同时，使战争双方化干戈为玉帛，保证了一个区域的长期稳定。

这不仅在当时具有战略意义，而且对后世也产生了深远影响。

匆忙回京的常惠又一次经过悬泉置。

这次，常惠多待了一天。

他也许不会知道，自己 20 年奔波西域的日子从此画上了句号。

此后他再也没有来过悬泉置。

唐代诗人笔下的河西——凉州小长安

元稹《西凉伎》

吾闻昔日西凉州，人烟扑地桑柘稠。
蒲萄酒熟恣行乐，红艳青旗朱粉楼。
楼下当垆称卓女，楼头伴客名莫愁。
乡人不识离别苦，更卒多为沉滞游。
哥舒开府设高宴，八珍九酝当前头。
前头百戏竞撩乱，丸剑跳踯霜雪浮。
狮子摇光毛彩竖，胡腾醉舞筋骨柔。
大宛来献赤汗马，赞普亦奉翠茸裘。
一朝燕贼乱中国，河湟没尽空遗丘。
开远门前万里堠，今来蹙到行原州。
去京五百而近何其逼，天子县内半没为荒陬，西凉之道尔阻修。
连城边将但高会，每听此曲能不羞。

回京后，常惠接替了赵充国的右将军职位，同时继续掌管对西部各国的外交事务。

公元前 51 年。

这是一个多事之秋。

刚刚册立不到三年的乌孙大首领、解忧公主的长子元贵靡病逝。

此时，解忧公主已经 70 岁了。

一封她写给汉帝国皇帝的信经过悬泉置，奔向长安。解忧公主希望可以落叶归根。

两年后，公元前 49 年，曾经为中国西部边疆呕心沥血的解忧公主终老长安。

又过了两年，置啬夫得知：长罗侯常惠在长安去世。

今天的我们已经无法得知，那位没有留下名字的置啬夫，是在哪一年离开的悬泉置，更不知道，他最终葬在何地。

但我们知道，无论对于他，还是对于悬泉置，那都是一段生机勃勃的岁月。

两千年后，

人们通过持续的考古发掘，最终还原了悬泉置岁月演变的轨迹：

根据对悬泉置遗址的考证，由汉至魏晋，这里一直发挥着作用。魏晋时期废置后，唐王朝再度恢复建制为"悬泉驿"。在宋以后,悬泉驿渐次湮没在岁月长河中。

今天，当人们回望历史时，便会更深地体会到汉帝国打通河西走廊的战略是多么重要。

此时的汉帝国国力强盛,疆域辽阔,沿着祁连山向西北发展的格局业已形成,丝绸之路的贸易通道正式开通。

从中原出发,穿越河西走廊的咽喉要地,便进入广阔的西部地带。

这条通道，不仅仅对于稳定与经营西域是至关重要的，更关乎中原帝国的生死存亡。

明末清初地缘政治学者顾祖禹对此总结道:

"欲保秦陇,必稳固河西,欲固河西,必开拓西域。"

而历经两千年,数十个朝代更迭之后,通过河西走廊这条通道保障并形成的屯田戍边的汉帝国国策,再一次深刻影响了中国。

新中国成立后,中国政府开始在西北、东北、西南边疆部署了大量农垦部队。

屯垦戍边再一次成为二十世纪中叶新中国的国策。

历史就这样构建了一个意味深长的重叠——

当面对河西走廊璀璨的星空,人们或许会被历史带来的回响深深震撼。

光阴流过。

那个时空背景再也无从复制。

但,汉帝国留在河西走廊的边关生活却依旧感动我们的心灵。

第三集
驿站
河西走廊
HEXI CORRIDOR
CHINA'S WILD WEST

第三集　驿站

叶　舟

再跑　就到了天边
天边空空荡荡　惟有
落日熔金　在镌刻农历　兵事
哀歌和匈奴的悖逆　天下危局
长安一病　惟有湍急的
马蹄　掠过烟火与梗阻
方可报告河西四郡　再跑
就把自己搭在弦上　让一枚箭矢
穿云裂帛　呼啸来去
钉在《史记》的一页　成就
汉家的疆域　黄昏下的枯棋
有一些昏暝　亦有一点
黯淡的血气　在这一次长旅上
丝绸燃烧　五谷萌芽
却并没有兵戈的噩讯
再跑　一步登上了天庭
将凉州　甘州　肃州与沙州
供在了春天之鼎　马群沸腾
仿若热烈的人民　从此
安歇与生育　那一刻
让祁连成为一段思想　冰雪
解冻　开始了鲜花的哺育

根脉

公元 370 年·东晋 深秋

正在祁连山深谷中宁静思考的大学士郭瑀突然被外面的嘈杂声惊扰。

在那个群雄逐鹿的年代，他成为许多执政者求贤若渴的邀请目标。

而这一次，前凉王张天锡派来的使者准备充分，这已经是最近第三批“请”他出山的人了。

郭瑀悄悄躲进洞中一个不易察觉的密室静观其变。

洞外，气势汹汹的军人和郭瑀的众弟子们之间的冲突正在逐渐升级。

这并非“洞中方一日，世上数千年”的寓言故事。

此时此刻，中原王朝正在发生着颠覆性的改变，混乱与杀戮已经无法避免。

位于河西走廊中段的马蹄山和山下的临松薤谷，重峦叠嶂，松涛起伏，

山顶常年白雪皑皑，山下四季流水潺潺。

对于专心治学的人来说，马蹄山和临松薤谷是个可以潜心修行的地方。

大学士郭瑀已经在这里度过了整整 20 年的时光。

从马蹄山上望下去，远处的群山郁郁葱葱，万般世相，尽收眼底。

但，在他视线之外，中原正在经历着血腥而混乱的剧痛。

公元 220 年，汉帝国，这个中国历史上最长寿的王朝，在历经 409 年的统治之后，最终还是崩溃了。

此后的中原，历经三国时期的混战、西晋王朝的短暂统一，迅速迎来了一场更大的灾难。

西晋王朝司马氏家族内部为争夺中央政权而爆发混战。

公元 311 年，趁混乱之际，匈奴、鲜卑、羯、羌、氐五个游牧部落联盟，向中原发起了大举进攻。洛阳、长安相继被攻破，史称“永嘉之乱”。自此，中国陷入了前所未有的长达三百多年的大分裂与大混乱的格局中。

血腥屠杀和残酷的民族压迫下，北方人口锐减。

如此乱世，令中国传统文化蒙受巨大冲击，斯文扫地，伦理尽失，千里沃野的中原转眼间已成人间地狱。

那些身世显赫、家学渊博的名门望族不得不面对残酷现实——

生存，还是毁灭？

生存，该去哪里生存？

他们被迫做出选择——

其中部分大族南下来到长江流域，并在江南建立了东晋王朝；另一部分，则向西北迁徙，渡过黄河，来到河西走廊。

经过汉帝国将近400年的经营，河西走廊农耕、畜牧与商贸发达，是躲避战乱的桃源之地。

张掖，位于河西走廊中段，直至今日仍保留着汉武帝在河西设郡时的名字——“张国臂掖，以通西域”。

远处，祁连山的冰雪融化汇成全国第二大内陆河——黑河，使戈壁深处出现大片湿地奇景，也为张掖留下了“塞上江南”的美誉。

魏晋动乱之际，很多向河西走廊迁徙的世家大族选择在这里定居。

大约是在公元350年前后，一位名叫郭瑀的敦

时代背景

河西走廊虽然处于高原寒旱地区，自然条件不如中原优越，但是这里的先民运用自己的智慧，克服了自然环境带来的不便，不仅成功地开发了这块荒凉之地，还推动着中华文明的繁衍发展，他们一方面吸收来自异域的文化类型，加以改造形成适合华夏文明的因素，并不断地向东影响中原汉文化，另一方面当中原战乱时，他们又担负起保留文化、传承文化的重任，待日后中原和平时反哺。与其说它是一条动脉血管在输送文化养料，不如说它更像一颗心脏承载着中华文明的兴衰！

五凉时期，河西走廊相对政局稳定，这为汉家传统文化在河西地区的传播与发展提供了良好的政治环境。有这样一批儒学大家，他们不为世俗所左右，勤于治学，著书立说，开馆收徒，使汉文化在河西得以传承和发展。他们有来自酒泉的祁嘉、马岌，武威的段承根、阴仲达，金城的宗钦、赵柔，还有很多很多其他地区的人，他们在河西著书立学，建立公私学馆，使讲学之风盛行，其中的代表人物即郭瑀、宋纤、刘昞。

煌少年第一次离开了故乡。他一路漫游，来到马蹄山下的张掖。

和家乡气候干燥的环境不同，张掖的葱翠让郭瑀感到心情舒畅。

但，这并不重要。

重要的是，此时的河西走廊，儒学之风盛行，他远道而来想要寻找的那位大学者郭荷，就隐居在这里。

西晋末年，公元301年，京城官员张轨主动请求调往武威，就任凉州刺史。

河西走廊就隶属凉州刺史部管辖，州治设在武威郡的姑臧县。

张轨家族世代以专攻儒学著名。来到河西走廊之后他采取了中原重教化与“拔贤才”的政策，招收河西弟子五百人开办官学；同时，他还屡屡遣使持节，厚礼征聘知名学者任职或讲学，使得河西走廊地区儒学昌盛，井井有条。

就在张轨到达河西的第十年，中原发生了“永嘉之乱”。

而河西走廊因为地处偏远没有受到太多冲击。

在当时的长安，流传着这样一首歌谣：

“秦中川，血没腕（读音：wan四声），唯有凉州倚柱观。”

作为一块相对安定、平静的所在，大量人口迁徙至此。尤其洛阳以西及关中等地，投奔河西走廊的人更是络绎不绝。

抛下了所有家业的郭荷应该就是在这个时候随着逃难的人群来到河西走廊的。一路同行的，除了追随他的弟子，还有极为珍贵的、数代家传的经史典籍。

郭荷，今天的甘肃秦安人，出身儒学世家，他的家族在东汉时期就以经学得名。

据《晋书·本传》记载，郭荷“明究群籍，特善史书”。

当郭荷带领众弟子穿过武威，来到张掖郡马蹄山下的临松薤谷时，他们停了下来。

千里风尘，艰辛辗转，望见这里的青山翠谷，郭荷感到内心宁静，这正是他心中所期望的安居之地。

和郭荷一样，那些西迁的家族在这里扎下根脉，不再东返。

渐渐地，他们成为当地著名的大姓，史称“河西望族”。

郭荷来到临松薤谷的消息，迅速在河西士林间传开了，对于崇尚学问的河西子弟来说，这是天大的喜讯。

年轻的学子纷纷慕名而来。

郭瑀就是其中之一。

郭荷恰好也喜欢这个有悟性的年轻人，于是，郭瑀成为郭荷的入室弟子。

郭荷的声望渐渐引起了当地执政者的注意。

某个晴朗的上午，一队阵势豪华的车马来到郭荷门前。

此时，河西走廊已经归于前凉王张祚的统治，张祚的使者带着贵重礼物面见郭荷，希望郭荷出山去做前凉主管教育的“博士祭酒”。

郭荷婉言谢绝了。

身处乱世，他只想专心做学问，而拒绝做官也是他们家族的家训。

尽管使者表示理解，但前凉王的意志同样很坚定。

他不断派使者登门拜访。

郭荷无奈之下只得答应了使者的要求，他来到了前凉的首府武威，拜会了前凉王张祚。

张祚是曾任凉州刺史的张轨的曾孙，此时张氏家族已经在河西走廊割据一方，建立了史称“前凉”的政权。

虽然张氏子孙继承了张轨的崇文举措，广泛征求儒学名士的支持。但是，这位刚刚通过不正当手段取得了王位的前凉王张祚并不是发自内心地真正尊崇学问。

当年已八旬的郭荷一路颠簸到达武威后，并没有担任官学主管，而是被雪藏到前凉王宫内，成了陪太子读书的宾客。

与他一起成为宾客的，还有另一位被迫出山的大学者宋纤。

宋纤，敦煌效谷人。他在酒泉南山中刻苦钻研儒家经典，开馆讲学。

张轨：治稳河西走廊，挽救汉家文化

张轨，字士彦，安定乌氏(今甘肃平凉西北)人。出身于世族官僚地主家庭，以精通儒学、富于才干显于世。张轨所处的时代正是西晋王朝由盛转衰的转折时期。政治腐败，士族权贵生活糜烂及由宫廷政变演变成的一场尚没有结束的“八王之乱”和中原正在进行的民族仇杀，使张轨感到洛阳并非久留之地，“轨以时方多难，阴图据河西”。公元301年，由公卿保举，经朝廷同意，张轨正式出任护羌校尉、凉州刺史，开始了他治理河西的历程。同时也是前凉政权的肇始。张轨初到凉州，在他面前展示的是一副残破的场面，经济落后，社会秩序动荡，“鲜卑反叛，盗寇纵横”。这一切迫使张轨必须立即采取适宜的措施加以解决。

张轨在凉州任共13年，可谓殚精竭虑，由于他果敢地采取了一些符合实际的措施，使长期处于动荡中的河西逐渐出现了稳定的局面，河西经济也逐步恢复起来。张轨的惠政泽被人心，故河西百姓说：“百姓之爱轨，若旱苗之得雨。

据说，他教授的学生多达三千余人，规模堪比孔子。

年迈的宋纤被逼出山后，曾多次请辞皆被张祚阻拦，最终他选择以绝食自尽的方式保全学者的自由与声名。

郭荷对前凉政权的热情因为宋纤的悲剧，和张祚的无为，被熄灭了。

他向张祚请辞，张祚没有阻拦。

张祚派人护送郭荷返回临松薤谷。

不久，84 岁的郭荷辞世。

郭瑀将老师郭荷葬在了书院的旁边，那里安静至极，只有流水与鸟鸣。他素孝裹身，冬寒夏暑，为老师守孝，一守就是三年。

对于这一越过规制的行为，他解释说："我虽由父母所生养，却是由老师教导培育，古人不为老师服丧，不过是因为圣人谦虚。"

也正是由于张轨的妥善治理河西，使得河西地区在五胡十六国时期处于一个相对稳定的政治局面当中，为不断迁徙而来的世家大族和各族人民提供了良好的居住环境，中原文化得以发展，汉家礼仪得以保存，为后世的五凉学术乃至隋唐文化奠定了坚实的基础。

除了师徒之情，儒家的处世准则早已浸润到郭瑀的血液中。

三年期满后，郭瑀向临松薤谷的深处走去，他希望更加远离世间的纷争。

外面的世界越来越遥远。

在这里，他把郭荷传授给自己的思想融会贯通，写下了《春秋墨说》和《孝经错纬》，希望这些著作可以为后世所用。

随着汉朝的覆灭，中原的动荡与杀戮使得作为汉朝官学的儒学遭受了重大打击。

但河西儒学却独树一帜，异常繁荣。

武威文庙，是仅次于山东曲阜孔庙和北京孔庙的全国第三大孔庙建筑群，相传最早建于前凉时期，是儒家文化在河西走廊传播繁衍的印证。此后，尊儒重教的文风在河西更加延绵不断。

郭瑀的匆匆十年一掠而过。

在这十年光阴里，不断有年轻的学子，或游学到此，或慕名而来，就像当年的自己。

郭瑀传承了老师郭荷的做法，在这清幽的山谷中向弟子们传道、授业、解惑，尽自己所学，让他们明白儒家思想的真谛。

窦融：据保河西搞开发，中原一统回汉家

窦融，扶风平陵（今陕西咸阳西北）人，东汉云台二十八将之一。新朝王莽末曾跟随王匡镇压绿林、赤眉起义，拜波水将军。后投奔刘玄，为张掖属国都尉。刘玄败，被推行河西五郡大将军事。东汉开国皇帝刘秀即位，遂决定归汉，授凉州牧。他在河西破隗嚣、拒匈奴、兴农桑，使河西农业发展水平一度与中原持平。历官大司空、将做大将，行卫尉事，爵安丰侯。

窦融的七世祖为窦广国，孝文帝窦后之弟，封为章武侯。窦融高祖父自常山徙于平陵。窦融少孤，王莽时期在强弩将军王俊部下作司马，参与了镇压翟义、赵明起义，以军功封为建武男。其妹嫁大司空王邑为小妻。全家徙居长安，“出入贵戚，联结闾里豪杰，以任侠为名”。王莽末年，起义者蜂起。王莽遣太师王匡前往镇压，王匡请窦融为助军，与樊崇战于青、徐一带。地皇三年（公元22年），窦融复从王邑征讨刘秀，大败于昆阳，逃回长安。汉兵入关时，经王邑推荐，窦融为波水将军，引兵至新丰，企图

学习之余，他还带领门下弟子在马蹄山开凿石窟。

他们并不知道，这一片原本只为安身而建的石窟，在并不遥远的未来，将成为中国重要的佛教造像圣地——马蹄寺石窟群，同时也成为那个时代河西走廊上儒家与佛教两大文明交汇的见证。

尽管郭瑀为人低调、一心向学，但新任前凉王张天锡的使者还是循着一批批河西学子留下的脚印走到了这里。

就在郭荷去世不久，前凉王张祚就因血腥政变暴死街头。此时的前凉统治者已经换成了张祚的弟弟张天锡。

张天锡即位不久便下达了大规模的贤才征召令。

这或许是因为前凉国先祖的遗训，但更重要的是河西走廊长久以来形成的崇尚学识的氛围在起作用。

张天锡向精通儒家文化的郭瑀发出盛情邀请，希望郭瑀能帮助他治理国家。

但，郭瑀不为所动。

老师郭荷出山从政的经历，让他产生了强烈的隐忧。

堵截起义军西进。王莽失败后，窦融投降更始军，在大司马赵萌部下为校尉，后被推荐出任巨鹿太守。窦融见更始政权不稳，东方扰乱，不愿出关。他的高祖父曾为张掖太守，从祖父曾为破羌校尉，从弟为武威太守，累世在河西，知其土俗，对其兄弟说："天下安危未可知，河西殷富，带河为国。张掖属国精兵万骑，一旦缓急，杜绝河津，足以自守，此遗种处也。"兄弟们都同意他的看法。窦融于是辞巨鹿太守，谋求镇守河西，把家属带了去。在那里，抚结雄杰，怀辑羌众。

更重要的是,这个靠篡权得到君主地位的张天锡,与郭瑀内心秉承的仁义道德标准相去甚远。他宁愿隐居山林,潜心读书,静待更合适的机会。

张天锡再次派使者前往马蹄山邀请郭瑀,并亲自书写了一封铿锵有力的信函。

他以兼济天下的儒家道义指责郭瑀逃避身为儒者应有的责任。

郭瑀沉默良久,最后指着山间飞鸟对张天锡的使者说:“此鸟也,安可笼哉?”

恼怒的使者下令抓捕郭瑀的学生。

面临痛苦的抉择,郭瑀仰天长叹:

“我逃避的是官府征召,又不是躲避罪行,岂能因隐居行义,害及门人!”

郭瑀被迫出山。

但他对前景不抱任何期望。

就在他们到达武威后不久,前凉王张天锡的母亲忽然去世。

郭瑀随即趁乱回到了马蹄山下。

公元376年。

张天锡向大举进攻的前秦国君主苻坚投降,自此,前凉张氏对河西走廊延续近80年的统治,宣告结束,河西走廊归于前秦统治。

为了完善前秦国的礼仪制度,崇尚儒学的苻坚让当地太守选派300名河西子弟,拜在郭瑀门下,求学礼制。

传播圣人的思想,是儒家门生的责任和义务。

这是郭瑀无法拒绝的。

此时,酒泉的祁嘉、马岌,武威的段承根、阴仲达,金城的宗钦、赵柔等一大批儒学大家也纷纷开馆收徒。

河西民间教育如雨后春笋,求学之风蔚然而起。

很快,郭瑀门下就聚集了上千弟子,其中出类拔萃的精英更是深得郭瑀的喜爱和真传。

一天,郭瑀把众弟子叫来,在座位前专设了一个席位并对弟子们说:

"我的女儿想找一位乘龙快婿。你们当中谁能够坐此席位,我就把女儿嫁给他。"

话刚落音,一位弟子立即站了出来,说道:

"先生要招婿,那当然是非我莫属了。"

这个青年书生名叫刘昞。

同郭瑀一样,刘昞也是敦煌人,同样是为了求学,他十四岁就离开家,来到了临松薤谷。

他是郭瑀最得意和喜爱的学生。

招婿时表现出的自信更让郭瑀感到欣慰。

但郭瑀的心中始终回荡着一声深沉的叹息。

身处乱世,他做到了独善其身,但兼济天下的理想该如何实现?

公元383年。

前秦国苻坚南侵东晋,却在淝水之战中遭遇惨败,前秦元气大伤。

两年后,苻坚被杀,前秦内乱。趁此时机,前凉国

马超:勇猛震关中威名降胡羌

河西走廊那种自然条件和各民族杂居的生活土壤,形成了河西人尚武的风气,造就了许多沙场好汉。在东汉末年,河西马超以其"兼资文武,雄烈过人,有信、布之勇"而威震羌胡,后来他效力刘备,成为蜀汉"五虎上将"之一,声名享誉华夏,青史留名至今。

马超(公元176年–222年),字孟起,扶风茂陵(今陕西兴平)人。汉伏波将军马援之后。说起马超,很多人想起的多是罗贯中笔下的形象,《三国演义》中描述了很多有关他的战斗场景,如马超战潼关,杀得曹操割须弃袍,罗贯中这样评价道:潼关战败望风逃,孟德仓皇脱锦袍。剑割髭髯应丧胆,马超声价盖天高。后来"割须弃袍"竟作为一个成语典故流传民间数千年;又如葭萌关之战,马超、张飞大战关前数百回合不分胜负,二位名将因此惺惺相惜,刘备见状也爱怜马超这位猛将,怕"二虎相争,必有一伤",亲自出城解围,因得马超之心。罗贯中亦言:西川马孟起,名誉震关中。信、布齐夸勇,关、张可并雄。

• 自郭瑀与其弟子开窟以来，马蹄寺石窟群历经各代僧人的扩凿，规模不断扩大。它绵延三十多公里，大小洞窟七十余处，里边保存了大量的佛像、壁画，历史研究与艺术价值凸显，与敦煌莫高窟、安西榆林窟并称为河西佛教圣地的三大石窟艺术宝库。如今的马蹄寺已成为国内外享誉盛名的旅游景点，往昔郭瑀等师徒在内读书治学之声早已随着历史的岁月离我们远去，但透过马蹄寺留下的这些石窟艺术，我们似乎仍能感受到古代先贤们的心灵交流。

张天锡的儿子张大豫起兵反秦，而校尉王穆也在酒泉发兵响应。

王穆请求郭瑀出山相助。

让人意外的是，这一次，郭瑀很积极。

作为一名隐士风格的学者，郭瑀在前凉、前秦时不应朝廷邀请，坚持隐于深山聚徒授学，此时却毅然出山，这前后的反差很大。

刘昞对郭瑀的决定颇为不解。

郭瑀解释说：

此次是多年好友求助，又事态危急，他决定伸出援手，仗义相助。

郭瑀虽有上千弟子，但毕竟没有军事实力，于是，他又联合了本地有实力的大族索嘏，很快招募了一支5000人的部队和三万石粮草，响应王穆的起兵。

王穆委任郭瑀为太府左长史、军师将军。

然而政治斗争的复杂性远远超过了一名书斋学者的想象。

起兵没多久，生性多疑的王穆因听信谗言，开始怀疑索嘏手握兵权将对自己不利，于是派兵攻打索嘏。

郭瑀见内讧将起，连忙向王穆进谏："大事未成却杀功臣宿将，败局将定啊！"

但这番劝告却没有收到任何效果，王穆还是一意孤行。

郭瑀见王穆如此行径，再无话可说，转身朝城外走去。

城门外，茫茫四野，夕阳如血。郭瑀失声痛哭，转身对着城门作揖道别，决心"此生再不相见！"

此后，郭瑀连续七天不吃不喝。任凭刘昞如何劝解，他也始终一言不发。

最终，郭瑀死在酒泉南山。

王穆攻打索嘏给了他人可乘之机，氐族贵族吕光趁势进攻。王穆失利被杀，前凉复辟之梦破灭。

公元386年，吕光割据凉州，建立了自己的政权，史称"后凉"。

刘昞目睹了岳父郭瑀出山失利到最终死去的全部过程。

治国平天下从来都是儒家最高的行为准则，儒家也自有“学而优则仕”的传统，但这难道就是儒家学者实现存在价值的唯一途径吗？

刘昞隐居深山，继续他的讲学和著述，也继续着他的等待。

时间在不经意间悄然流逝。

几十年过去，刘昞已经成为河西士林的领袖，前来邀请他出山做官的人络绎不绝，但都被他婉言谢绝。

直到有一天，一个名叫李暠的人亲自登门拜访，刘昞平静如水的生活终于掀起了波澜。

李暠，陇西成纪人，也就是今天的天水秦安人，相传是汉代大将李广的十六世孙。

而三百年后，唐代大诗人李白，又自称是李暠的九代孙。追慕先祖并不断写下新的传奇似乎是这个家族成员的共性。

公元400年，时任敦煌太守的李暠在敦煌自立，

董卓：汉家掘墓人

自秦汉以来，河西地区群族杂烩，很多来自草原的少数民族习俗逐渐侵染了河西，加之河西自然环境相对中原来说比较蛮荒，练就了河西人那种彪悍、刚健的体魄和豪爽、粗犷的性格，这就不免会出现一些残忍嗜杀、野蛮粗暴的人物，董卓就是最为典型的代表。

董卓（？ –192年），字仲颖，陇西临洮（今甘肃省岷县）人。东汉末年少帝、献帝时权臣，凉州军阀。官至太师，封郿侯。原本屯兵凉州，于灵帝末年的十常侍之乱时受大将军何进之召率军进京，旋即掌控朝中大权。后因其倒行逆施，招致群雄攻伐，终被吕布所杀。

董卓出生于殷富的地方豪强家庭。当时岷县属于边远地区，与西北羌人的居住地相邻。董卓自小养尊处优，少年时期便形成了一种放纵任性、粗野凶狠的性格。史书载，董卓“少好侠，尝游羌中”，“性粗猛有谋”。董卓年轻时就曾经到羌人居住地游历，依仗地主豪强的出身和富足的资产，多与羌族部落酋长交往。

董卓一生粗暴，满怀私欲和

在河西走廊西部建立了西凉政权。

李暠在西凉初建时期，就沿袭了汉晋以来选拔人才的制度，兴办教育，倡导儒学，甚至亲自策问士人，量才授官。

西凉时期昌盛的文治之风，在当时纷纷建立的政权中是独树一帜的。

文教事业的发展，不仅保留了中原传统儒家文化，也造就了大批著名学者。

李暠通晓经学，擅长文艺，曾创作诗赋数十篇，其中一篇《述志赋》流传至今。

在文章里他深入剖析了自己的内心世界，留下了一个政治家力图统一河西，进而协助晋室恢复中原的胸怀抱负，同时也留下了内心深处的纠结与选择。

他说道：依其本性而言，自己实在不适宜从事政治，而更适合作一个文人，钟情传统文化与古典文学，不追求功名，愿忘情山水、怡然恬淡，陶渊明、谢灵运都是他生活中的楷模。

但，无奈生不逢时，五胡横行，中原骚乱，民不聊生，大批中原难民涌向河西；在救亡与慕古的艰难选择间，他不得不选择了前者。

这篇发自肺腑的泣血之作，让刘昞产生了深深的共鸣。

身为君主，李暠的亲自拜访、礼贤下士更是让刘昞感动。这是自己的师长郭瑀与郭荷未曾拥有的待遇。

刘昞欣然出山，出任西凉主管文教的“儒林祭酒”，李暠曾把自己得到刘昞，比作三国蜀主刘备之

野心。他从陇西发迹到率军进京操纵中央政权，始终考虑和盘算的是如何满足私欲和野心。为了达到目的，董卓不择手段、玩弄权术，践踏法律、破坏经济、残害人民，他的种种倒行逆施，造成了东汉末年政权的极度混乱，给国家和社会的稳定带来了巨大的破坏。著名史学家、《三国志》的作者陈寿如是评价董卓：“董卓狼戾贼忍，暴虐不仁，自书契以来，殆未之有也。”宋代文学家苏轼有诗云：“衣中甲厚行何惧，坞里金多退足凭；毕竟英雄谁得似，脐脂自照不须灯。”东汉政权日趋衰败、最终倾覆，虽然是由多种复杂因素所致，但是，董卓的行为无疑加速和促进了东汉政权的衰败，是汉家掘墓人。

得诸葛亮。

一千五百多年后，公元2001年4月，在曾经西凉国的国都——甘肃酒泉市城西15里处，考古人员抢救性发掘了一座深20米、墓室面积90平方米、墓道长71米的巨大古墓葬。

河西走廊规模最大的墓葬——西凉王李暠之墓被世人发现。

李暠或许正像自己所说的那样，更适合做一个文人而不是政治家。公元417年，壮志未酬的李暠去世。

李暠去世3年后，西凉为匈奴族建立的北凉国所灭。

刘昞被北凉政权征召，继续在官学体系中从事著述与教学工作。

此后，任凭外界如何风雨如晦，刘昞只一心安坐在自己的书桌前。

他以孔子所言“朝闻道，夕死可矣”鼓励自己，昼夜苦读，大量饱览当时中原世族避难河西时所带来的珍贵文献典章，并为之作注。他一生著述不下一百二十卷，是五凉时期学术著述最多的学者。

此时的河西走廊，也继续着学术文化空前繁荣的局面，并形成了与中原地区相对应的地域文化系统。

成就突出的，不仅是学术，还有以散文、诗歌、辞赋为主的“五凉文学”。

北凉后期，河西地区向东晋朝廷进献了154卷典籍。

《宋书》记载，其中有失传已久西晋以前的古籍，也有刘昞等河西本土学者的著作。

十六国时期在中原和

江南已经失传的魏晋时期名著《人物志》,就是由于刘昞为其作注而在河西走廊保存下来，并得以传回江南。

尽管河西地区政权更替频繁,但战乱造成的破坏相对要小。

而历代统治者皆注重文化教育,使得中原、河西两大士人群体云集河西。

以郭荷、郭瑀、刘昞三代师徒为代表的河西学者,也有了一个属于自己的风云际会的丰富世界。

在那个天下分崩、豪杰并起的年代,他们不仅见证了河西五凉政权的百年风云，更牢牢坚守着一份属于学者的灵魂净土与儒学传承的使命。

他们开办规模浩大的私学，与政府官学相辅相成,教育与著述并重,造就了五凉时期河西儒学昌盛的景象。

河西走廊因此成为中国北方的儒学文化中心。

公元 439 年，鲜卑族拓跋氏率领的北魏军队兵临武威城下,北凉灭亡。

人物背景

郭瑀

郭瑀,字元瑜,敦煌郡人。其人才华横溢,举止脱俗,从小就显露出与众不同,“少有脱俗之超”,青年时他听说张掖有位名儒大师郭荷,便决心向他求学,不远千里东游张掖拜在郭荷门下。由于郭瑀聪明好学,尽得郭荷真传,逐渐成长为继郭荷之后精通儒家经典的大家,史传他“雅辩谈论,多才艺,善属文”。当他的老师郭荷去世时,郭瑀非常悲痛,为了表达对恩师的哀思,他一改儒家礼制“师不服重”的传统,在郭荷的墓前搭建草舍以父丧礼为师守孝三年。待礼制期满,郭荷隐居不仕,在临松薤谷凿建石窟居住,这石窟就是如今著名的张掖马蹄寺。据当地史志记载:“普光寺又名马蹄寺，为晋之郭瑀隐处，石洞凿于郭瑀及其弟子,后人扩而大之,加以佛像。”郭瑀就在这里过着粗茶淡饭、衣着简朴的生活,但是他不忘治学,在简陋的生活条件下,著书立说,先后写成《春秋墨说》、《孝经错纬》等篇,并收徒讲学,有弟子千余人。

河西地区长达140年的割据态势就此结束。

这是中国北方地区自西晋末期中原分崩之后首次迎来统一。

北魏拓跋氏以少数民族的身份入主中原，为赢得广泛的支持，开始推行汉化政策。作为汉文化的正统思想以及中国诸子百家学说中最具有治国安邦特色的学说，儒学受到了格外的推崇。

为了加强学习汉文化与制度，北魏政权进占河西走廊之后，立刻着手将河西走廊的世家大族与工匠三万户迁徙到他们的首都平城——也就是今天的大同。

在这次大规模的东迁中，包括刘昞的学生在内，几乎全部的河西学者都被迁往中原，自汉延续至今的河西文化及学术亦随之东渐。

人物背景

李暠

李暠（公元351–417年），字玄盛，小字长生，陇西狄道（今甘肃临洮）人，十六国时期西凉政权建立者。

提到李暠可能很少有人知道，但是据史传，他是西汉名将李广的后代，李白、李商隐又自称是此人的后代（《新唐书》记载），李白有首诗可能是缅怀李暠的。

关山月

（唐）李白

明月出天山，苍茫云海间。
长风几万里，吹度玉门关。
汉下白登道，胡窥青海湾。
由来征战地，不见有人还。
戍客望边色，思归多苦颜。
高楼当此夜，叹息未应闲。

李暠世为西州大姓，他的先辈李雍、李柔在西晋时期都担任过郡守。西晋灭亡后，张轨割据河西，建立了前凉政权，李暠的祖父李弇在前凉政权中任武卫将军、安世亭侯。李暠父亲李昶幼时就名

为了建立统治秩序，北魏政权迫切需要礼仪律令的制定和完善，这些熟悉汉代儒家礼仪律令之学的河西学者得到了北魏政权的礼遇和重用。

他们大兴儒风，振兴礼乐，积极参与了北魏鲜卑政权的文化转型和政治改革。

此后的隋唐承袭了北朝的政权系统，以强盛之势统一南北，开创了大一统的盛世局面。河西文化与中原文化、江南文化并列，成为隋唐文化的渊源。

两千年后，中国 20 世纪国学大师陈寅恪在《隋唐制度渊源略论稿》中针对河西文化做出了这样的评价：

惟此偏隅之地，保存汉代中原之文化学术，经历东汉末、西晋之大乱及北朝扰攘之长期，能不失坠，卒得辗转灌输，加入隋唐统一之混合之文化，蔚然为独立之一源，继前启后，实吾国文化史之一大业。

这是河西走廊对于中原王朝的回馈，更是对整个中华民族的独特贡献。

北魏东迁时制定的政策是，年逾七十以上的长

传河西，但是英年早逝，据说李暠是遗腹子。李暠出世就没见到过父亲，他幼年学习很刻苦，博览群书，打下了很好的文学功底，长大后又学习武艺，还熟读兵法，成为一个文武双全的人，这为今后他能在河西创立事业打下了基础。

李暠建立西凉自称西凉公，他追赠父亲李昶为凉简公，在敦煌城西八里处建庙，称先王庙，以纪念他的父亲。这座庙在唐代有所损坏，但台阶、墙壁还在。先王庙东，有李暠诸子庙，大小与先王庙相同，称李庙。敦煌文献中有一篇《李庙》颂曰：昔时兴圣帝，遗庙在敦煌。叱咤雄千古，英威静一方。牧童歌冢上，狐兔穴坟傍。晋史传韬略，留名播五凉。

公元 417 年，李暠病重，临终托孤宋繇，让其帮助治理西凉。不久，李暠病逝，号西凉“武昭王”。

者可以获准不必东迁。

八十多岁的刘昞选择留在河西。

学生们望着老师的背影一路向西，渐行渐远。

那是他的家乡敦煌的方向，也是他的老师郭瑀终老的地方。

漫漫归乡路上，刘昞路过张掖的时候，他执意要去看一眼，当年师徒谈经论道的临松薤谷。

那些亲手开凿的石窟样貌依旧，但自己早已不是那个14岁的少年郎。选婿之时，那一声“非我莫属”的豪气也早已随着三个朝代的更迭而烟消云散了。

而河西走廊的百年风云，已被刘昞记录在十卷本的《敦煌实录》与十卷本的《凉书》中。

这位后来被北魏孝文帝誉为“德冠前世，蔚为儒宗”的河西大儒最终没能回到自己的家乡，他选择了魂归临松薤谷。

后人理应感激中国辽阔西部摆放了河西走廊这样一条至关重要的通道。

纷乱颠簸的命运将中原文明引向这里，河西走廊成为中华文明薪火相传的重要一极。

它放射出的璀璨光芒照亮了中华历史的轨迹。

儒家贤达们的身影，也成为我们今天追寻的一座座高山。

在今天的河西走廊上，人们几乎再也寻找不到那些大儒的踪迹。

但，祁连山凛冽的雪线还在，那些讲学修行的洞窟还在。

还有考古发掘出的历史遗迹——

河西走廊分布着大量魏晋十六国时期的墓葬，其中有49座为壁画墓。从中原迁徙至此的人们用图像的方式为今天的我们留下了河西走廊的生活面貌。

这些多彩的壁画继承了汉代中原墓葬的壁画风格，同时也细细描绘了在中原文化影响下,河西地区平静安乐的生活场景。

就在河西大学士郭瑀在马蹄山开凿洞窟的时候，河西走廊各处也渐渐响起开凿洞窟的锤声。

一个来自恒河两岸的伟大文化即将沿着宽阔的河西走廊进入中国。

根脉
第四集
河西走廊
HEXI CORRIDOR
CHINA'S WILD WEST

第四集　根脉

叶舟

我知道　这一切并非没有原因

带着草木上山
露水的早晨　一角湖水中
麇集着豹群　鹰部落　大象　佛陀
与油灯
这么久了　丝绸之路上
土匪剪径
坏消息不断
一个僧侣暂无音讯
我真的知道　这一切并非
没有原因
中午时　我在山顶晒经
一阵狂风
令天空失色　字迹隐匿
即便石窟内供养着今生今世
一幅壁画
也难以诉说庄严和秘密
傍晚　我在山下驻足
等一个人前来
朝贡　点香
可银河灿烂　繁星奔走
一种怀腹的伤感　开始
半夜鸡叫
马不停蹄

——这一切　并非没有原因

造像

公元 412 年·东晋十六国时期

公元 412 年，一个年轻的僧人登上了河西走廊东端的天梯山。

他用清澈睿智的眼光审视着祁连山起伏跌宕的景色，心中充满喜悦与激动。

因为一个叫沮渠蒙逊的北凉国君指示他们在这里建造在当时看来举世无双的佛像石窟。

他，就是昙曜，一个杰出的佛教徒，

同时，也是一个出色的寺庙建筑工程师和一个富有热情的幻想家。

如此巨大体量的工程让昙曜兴奋不已，他仿佛听到了工匠们的声声斧凿在山中回荡。

佛教徒昙曜长期居住的凉州，就是今天河西走廊最东端的城市武威。

天梯山在武威城南，是祁连山东线的一条支脉，峰峦起伏，山势峻峭，登临之难，犹如上天梯。

昙曜等人开凿的石窟就位于天梯山的岩壁上。

据历史文献考证，天梯山石窟有可能是中国历史上开凿最早的石窟。

20 世纪 50 年代在天梯山下修建黄羊河水库时，文物部门对这座石窟进行了抢救性保护。

于是，今天的人们依然可以在水库边看到数百平方米的壁画，十七个佛龛与一百多尊佛像。

石窟，并不只是石壁上的山洞，有时也指在河畔山壁开凿的佛教寺庙。

有的石窟是供僧人修行住宿的，而有的石窟则是专门供信众进行礼拜。

在环境优美又险峻的石壁上开凿石窟、建造佛

时代背景

河西走廊作为汉魏以来中国儒学的沃土，同样也是佛学的繁华地。

河西在十六国北朝时期作为外来高僧入华的第一站，是他们译经、宣扬佛教经典、佛教理论与思想的处女地，对中国佛教和中国文化有莫大的贡献。

河西走廊保存有中古时期汉地佛教最早的石窟造像艺术，到十六国北凉时期，河西的佛教造像已非常成熟，遍布走廊的东西，形成具有独特艺术风格的同时，

像,可以让建造者表达他们的虔诚和奉献,更令来到这里的人们感受到佛教的神圣和美好。

祁连山,恰好就是这样一座理想的山脉。

由于释迦牟尼本人不主张设立偶像，因此佛陀在世时及圆寂后的很长一段时期内，在古印度一直没有出现佛像,只有佛塔、法轮、足印等象征性的表现物。

公元前327年，马其顿帝国亚历山大大帝入侵东方,同时带来了古希腊雕塑人像的文化和艺术。

古印度的西北边疆有一个名叫犍陀罗的地方——也就是今天的阿富汗南部、巴基斯坦北部及克什米尔地区，那里的艺术家们为希腊艺术的美所感动,开始用石头雕刻自己心目中的圣人。

于是,在释迦牟尼圆寂后约600年左右,他的具体形象开始被人们塑造出来。他的脸形通常是椭圆的,同时还有高鼻梁和一头波浪形的卷发,他斜披希腊式的大褂，就像一位希腊神平添了几分东方的韵味。

逐渐地，艺术家们将印度用于修行的石窟和巨型佛像结合起来,创造了“石窟佛像综合体”,这就是佛教石窟艺术的发端。

从公元2世纪到3世纪,罗马、安息、贵霜和汉帝国四足鼎立,紧密联系,使得横亘东西的丝绸之路全面繁荣起来。

在这条道路上,驮着丝绸、宝石和香料的商队来往不绝,同时还有怀着崇高信仰的僧侣,他们不畏艰辛，希望像释迦牟尼一样，把了悟的世界带给更多的人。

包含有完整的佛典和佛教思想体系。

伴随着北魏统一中国北方，信仰佛教的北魏政权统治者大力弘扬佛教,于是已经非常成熟的河西佛教的经典、思想、造像艺术等被移植到了北魏首都平城,来自凉州的僧人奠定了北魏佛教的强大基石。

从此以后，中国北方佛教及其艺术的洪流,不可阻挡。学术史上的“凉州模式”影响之大,成为佛教艺术领域的经典话题。

甘肃是佛国之乡。这里不仅有佛教艺术宝库敦煌莫高窟,而且丝路沿线的河西走廊、陇中、陇东甚至陇南，有大大小小的石窟百余处,蔚为大观,其中河西走廊的石窟从东到西绵延不绝，堪称石窟走廊。

在这里，分布着从十六国以来直到元明清1500余年的佛教石窟、寺院、造像,因此河西走廊的历史,从某种意义上讲,也是一部中国佛教史。

而佛教真正大规模进入中国的时候，恰逢由中原王朝掌控天下的帝国时代正在黯然结束。

在魏晋南北朝崩溃与混乱的世道下，黎民百姓和官宦世家几乎都陷入迷惘之中。

就在此时，那些不辞辛劳、心怀大志的佛教徒们沿着天然通道——河西走廊小心翼翼地进入中原。

鸠摩罗什，就是由西方进入河西走廊的那些僧侣中的一位。

他是中国佛经翻译史上公认的第一大家，他自西而东的旅程不仅推动了整个汉地佛教的发展，甚至影响到我们今天的语言生活。

鸠摩罗什生于西域龟兹国，他的父亲是从印度迁徙到西域的贵族后裔，母亲是龟兹国王的妹妹。

没有人知道第一个来到龟兹的佛教徒是谁，来自哪里，什么时候来的。当佛教从古印度传到龟兹的时候，龟兹人很快地接受了这个信仰，并开始大规模地开凿石窟，以表达自己的虔诚。

很快，龟兹成为佛教圣地。

鸠摩罗什 7 岁时就随笃信佛教的母亲一同出家了。

不知是生来聪慧还是天赋使命，12 岁的鸠摩罗什已经可以开坛讲法，令远近的信众与国王都聚集到了他的身边。他的名字被传播开来，许多国家都邀请他做自己的国师，但鸠摩罗什丝毫不动心。

后来，鸠摩罗什被龟兹王誉为国师，名声也从西域传到了中原。

鸠摩罗什的母亲曾经告诉儿子，他将去往东土传经说法，而且，途中将历尽坎坷磨难。

但鸠摩罗什没有料到，自己会以这种方式来到东方。

公元 385 年，前秦将军吕光带领军队进驻河西走廊的凉州城，并在这里建立了后凉国。

城中的人们时常会看到一个奇怪的情景：一个西域相貌的僧人，不管走到哪里，身边总围绕着一群士兵。这个僧人就是鸠摩罗什，这些士兵并不是他的手下，而是负责监管他的。

吕光奉前秦皇帝之命从龟兹带走了这个负有盛名的高僧，在将军吕光的眼里，鸠摩罗什只是一件特殊的战利品。

据《高僧传》记载，吕光曾强迫鸠摩罗什娶龟兹公主为妻，还让他在大庭广众之下骑上恶牛烈马，但鸠摩罗什忍辱负重，面不改色，令吕光也感到惭愧了。

吕光为鸠摩罗什定下规矩，外出时间不能太久，还不能离开住地太远，鸠摩罗什没有想到，这样的生活，将会持续 17 年。

这 17 年间，鸠摩罗什就如同囚禁在笼中的鸟儿，时常感到前路渺茫。他离乡背井，来到河西走廊，支撑他的正是传教到中国的使命，但在这样失去自由的情况下如何才能

实现去中原传法的宏愿呢?

鸠摩罗什决心不让自己沉沦，他从周围的人开始传法，多让一个人领悟佛法、脱离苦海，就是多做了一件功德。

离鸠摩罗什最近的人就是吕光军队中的士兵。

鸠摩罗什注意到，他们是来自五湖四海的中原人，他们所说的汉语发音五花八门、变化多端。为了弘扬佛法，鸠摩罗什一边传法一边学会了很多中国方言。

正是在河西走廊的这17年，使鸠摩罗什对中原文化有了深刻的了解，汉语读写能力突飞猛进，中国历史上第一位译经大师正在河西走廊辽阔的土地上悄然成长。

经过漫长的等待，在被困凉州17年之后，鸠摩罗什已经不抱什么离开的希望了。

但他没有想到，就在这一年，自己的命运将要发生巨大的转变。

人物背景

鸠摩罗什

罗什母亲及家世

少年时代的鸠摩罗什受到母亲耆婆的巨大影响。

鸠摩罗什的母亲耆婆是龟兹王的妹妹。她识悟明敏，一闻则诵，过目不忘，是一个杰出的、有知识的女性。传说她身体上长有赤痣，预示必能生育贵子。当时西域有很多国王或公子仰慕，纷纷来聘，但是耆婆一概回绝不应。及至二十岁时见到鸠摩罗炎，才以心相许。罗什的父亲鸠摩罗炎生于天竺(今印度)国相之家，出身显赫，且很有智慧。他因不愿接替父亲相位而出走龟兹。龟兹王听说他放弃荣禄甘愿出走的情况，心生敬慕，亲自到城郊迎接，聘为国师。

耆婆在生下罗什不久即落发出家。罗什七岁时也随她出家，在龟兹国著名的雀梨大寺学习。在罗什九岁时，母亲耆婆又带他渡辛头河，到罽宾遇名德槃头达多，学习小乘。此时罗什得机会与外道论师辩论，“乘隙而挫之，外道折服愧而无言”，从此供养甚厚。在罗什

虽然吕光不重视鸠摩罗什，但是对鸠摩罗什百般景仰的国君却不在少数。

后秦国君姚兴为了要将高僧鸠摩罗什据为己有，不惜在公元401年五月，派遣十万大军讨伐凉州，终于将鸠摩罗什迎到长安。

这一年，鸠摩罗什已经58岁了。

他彻底摆脱了在凉州的半囚徒式生活，成为后秦的精神领袖。

事实上，自汉帝国末期，佛教就已传入中国。但当时中国的社会秩序完全是按照儒家的规范来建立的，这里的帝王和人民觉得，孔子已经非常深入和全面地思考过现实世界的运行方法，外来的宗教或其他思想就没有必要再来指手画脚。

直到东晋十六国时期，少数民族的帝王入主中

十二岁时，又是在母亲的陪同下经沙勒返回故国龟兹。母子二人在沙勒停居期间，罗什的思想发生重大转变，由小乘改归大乘，回到龟兹后宣讲大乘佛理，从此名重西域。

罗什二十岁受戒后，耆婆似乎感到自己作为母亲的使命已经完成，她要独自去天竺修行。临行前，她和罗什进行了一次语重心长的谈话。她问罗什："大乘佛法应该在真丹(震旦，指中原地区)大举弘扬。佛法东传，只有靠你的努力了。但这件事对你自己并没有好处，你会怎样选择呢？"罗什慷慨回答："大士菩萨就是靠牺牲自己的利益来成就他人的。如果能使大乘流传，开蒙养正，哪怕在火上烤、在锅中煮，我亦了无遗憾。"这段对话像耆婆引导儿子自誓，让罗什能对自己的使命有清晰的意识，对未来的事业有坚定的信念。僧传中耆婆和鸠摩罗什的这一段对话，可以说为罗什后来的磨难埋下了伏笔。从另一角度来说，鸠摩罗什忍辱负重近二十年，在晚年仍能弘道授业不倦，对东亚佛教产生重大影响，同其母亲的培养和鼓励是分不开的。

原，这一状况才被完全改变。

对老百姓来说，长期战乱、居无定所使他们感到痛苦，不明白这样的现实世界究竟意味着什么。

而对北方民族的君主来说，从小到大的生活就是弱肉强食、胜者为王，要让他们接受讲究等级秩序、忠孝观念的儒家学说十分困难。

这时候，一个关于寻找生命意义的答案，一种解脱痛苦的方法，一套令社会平稳安定的价值体系，自然就会引起人们的关注与向往。

在后秦的都城长安，皇帝姚兴在城北大兴土木，为鸠摩罗什盖起了说法的场地——“逍遥园”。广阔的庭院里，有数座高大的楼台，中间布置有假山花草、奇珍异兽，每到鸠摩罗什说法的时候，就有数千人到来听讲。

鸠摩罗什见姚兴愿意为佛教如此投入，趁机向姚兴提出自己在凉州的时候就开始酝酿的一个宏大计划——

重新译经，让佛祖的真知灼见可以准确无误地传达。

姚兴十分赞赏鸠摩罗什的建议，他立即为鸠摩罗什开辟了译经场，还特地选派了800名僧人来配合他的工作。

长安译经场，由此成为了中国历史上第一个由国家组织的大规模译场。

为了还原佛经的本来面目，鸠摩罗什在弟子们的配合下，首次对佛教全部关键词汇都给出了详细、准确、深入浅出的解释。

鸠摩罗什的译经几乎触及佛教浩繁经文的各个

关于鸠摩罗什的两个预言

僧传中记载的关于鸠摩罗什的预言有两个。其一是他尚在母胎时，雀梨大寺的罗汉达摩瞿沙断言“此必怀智子，为说舍利弗在胎之证”。说耆婆怀的一定是慧如舍利弗的“智子”——这个预言无疑符合以后的事实；第二个预言出现在罗什母子从罽宾至龟兹路过月氏北山时，《出三藏记集》有生动的记载：“有一罗汉，见而异之。谓其母言：常当守护此沙弥。若至三十五不破戒者，当大兴佛法，度无数人，与沤波掬多无异。若戒不全，无能为也，正可才明俊艺法师而已。”“沤波掬多”即优波掘多，是古印度阿育王时的一代宗师，玄奘《大唐西域记》记载他每度一对夫妇就往屋子里扔一根竹签，很快竹签满屋。

这两个预言为罗什的一生打上了烙印，罗什的一生像是对预言的印证。它们又像能拨动罗什命运的枢纽——作为僧侣史家，僧祐和慧皎如此精妙地安排可能还有更深远的意旨要表达：在成佛路上，“戒”和“慧”如车之双轮，缺一不可，彼此平衡。

方面，他的译著，大部分成为中国佛教各宗派立宗的经典依据。

“色即是空，空即是色”的名句就出自鸠摩罗什翻译的《心经》。

这位西来的高僧通过对语言的卓越理解，将印度佛经化作优美的汉语经典，1600多年来没人去增减或改变一个字。

在汉传佛教历史上，鸠摩罗什、真谛、玄奘、义

“魔波旬蔽放光经”的故事

慧皎《高僧传》载，耆婆走后，罗什留住龟兹新寺，得《放光般若经》。批阅之时，“魔来蔽文，唯见空牒”。罗什知道是魔在作怪，仍坚持读诵，内心更加坚定，终于“魔去字显”。《出三藏记集》在上述情节之外又加上魔在雀梨大寺扰罗什读“大乘经”之事：“后于雀梨大寺读大乘经，忽闻空中语曰：‘汝是智人，何以读此？’什曰：‘汝是小魔，宜时速去，我心如地，不可转也。’”

《放光般若经》是大乘般若类重要经典，释迦牟尼成佛前夜也曾受魔波旬干扰。僧人史家笔下的高僧传记往往有一些看似灵异的故事，汤用彤先生早就提醒，对此要有“同情之默应”。从世俗角度，上述故事也可解读为当时大小乘之间存在的激烈斗争，以及归心大乘的鸠摩罗什面对四面小乘包围时的某种紧张心态。“魔波旬”也许是心魔，正好是母亲离开后罗什遭受的第一次考验。所幸罗什战胜了魔波旬也战胜了自己，他的大乘信仰“不退转”——梵文音译为“阿惟越致”的“不退转”观念，正是大乘教义的要旨。

净、不空被称为五大译师，其中三位都曾到过河西走廊，鸠摩罗什是年代最早的一位，中国佛教因他的出现而面貌一新。

虽然鸠摩罗什翻译的是佛经典籍，但他的影响却超出了佛教的范围，烦恼、苦海、未来、心田、爱河……这些最初由鸠摩罗什创造出来的汉语词汇今天已经成为了我们生活的一部分，丰富着我们的精神世界。

公元413年，70岁的鸠摩罗什在长安逍遥园圆寂。

临终前，他说：

“如果我所传译的经典没有错误，愿我的身体火化之后，舌头不会焦烂。”

果然，他的形骸灰飞烟灭，舌头却真的依然如生。

鸠摩罗什的长安译场

西晋于362年灭亡后，北部中国进入十六国时期，匈奴、羯、鲜卑、氐、羌等少数民族都曾在中原建立政权。梁《高僧传》之《佛图澄传》记载，羯人石勒的后赵政权尊西域神僧佛图澄为国师，诏令百姓：“佛是戎神，正所应奉。”西北少数民族和佛教之间精神相通，自然愿意从中汲取巩固统治的思想资源。氐族政权前秦在苻坚攻破襄阳后，把佛图澄的弟子道安请进长安，安置在当时最著名的寺院五重寺。苻坚认为道安是能辅佐自己成就大业的“东方圣人”。羌人政权后秦灭掉前秦，开国君主姚苌请鸠摩罗什未遂，其子姚兴总算做到了。

道安在长安时做了大量译经和讲经的工作，许多人追随他出家，“长安僧团”初具规模。但道安学习大乘理论遇到很多不懂的地方，听说西域“有年少沙门字鸠摩罗，乃才大高，明大乘学”，颇向往，鼓动苻坚迎请。当时佛教作为外来思想资源在中国进入了发展的关键期，尤其佛经翻译，晋初竺法雅创的“格义”一法已经显示出弊病。汤用彤先生说，格义就是“以本国之义理，拟配外来思想”，“以使人

一千多年后，我们再次来到武威这座以鸠摩罗什命名的寺庙，这里香火依旧，肃穆依然，一代译经大师鸠摩罗什的舌舍利被奉归此处修塔供养，成为纪念他曾经在河西走廊17年沉思默想岁月的历史见证。

他在河西走廊与博大精深的汉文化相遇，又在长安译经场赋予了佛经更丰富的层次，使佛教最终可以在理论基础上与儒家和道家并立，成为中国三大思想体系之一。

公元411年，一位叫作沮渠蒙逊的匈奴勇士带领他的族人攻克凉州，并定都于此，他统一了河西走廊，建立北凉，自称为“河西王”。

此时，距离鸠摩罗什离开凉州已经过去了近十年，佛教已渐渐扎根在河西走廊的土壤。

当年，他曾在吕光的宫廷里见过鸠摩罗什。

当时他就暗自发誓，若自己成为国君，一定要弘扬佛教，让天下人因为信仰而凝聚。

成为一方霸主之后，沮渠蒙逊开始以前所未有的热情大力扶植儒学和佛学，译佛经，立学校，广揽人才。

但遗憾的是，当他成为北凉河西王时，鸠摩罗什

易于了解佛书之方法也”(《汉魏两晋南北朝佛教史》)。格义是入门工具，但入了门之后不免成为障碍，使佛教成为中国传统文化的附庸。道安看到了“格义”一法对佛教独立自主发展的掣肘，却无力改变，只是提出了问题。鸠摩罗什来华后，这个问题才真正解决。因此，著名学者方广锠认为：“道安的出现，标志着中国佛教初传期的结束。而道安死后，鸠摩罗什到长安，则标志着中国佛教迅猛发展期的开始。”(《道安评传》)

弘始三年(公元401年)十二月，在经历了诸多磨难后，已经五十七岁的鸠摩罗什终于进入长安。此时的鸠摩罗什，少年的光彩和中年的无奈都已远去，人生画卷的又一段辉煌岁月缓缓展开。后秦国主姚兴“待以国师之礼”，对罗什宠待有加，将其安排在西明阁及逍遥园译经，在草堂寺讲经。罗什译经场的规模，按僧传记载，当时同罗什一起工作的僧人有八百人，而且还逐渐扩大，宋敏求《长安志》“逍遥园”条下注说：“姚兴常于逍遥园引诸沙门听梵僧鸠摩罗什演讲佛经，起逍遥宫，殿庭左右有楼阁，高百尺，相去四十丈……”

已身在长安。

恰好沮渠蒙逊听说有个名叫昙无谶的天竺高僧来到了河西走廊，还随身携带着一本写在桦树皮上的古老佛经《涅槃经》。他立即将昙无谶迎请到凉州，尊为上宾，并请他翻译这部神奇的佛经。

而就在此时，命运指引昙曜来到凉州修习佛法。

他学习和追随的，就是当时的高僧昙无谶在凉州翻译的《涅槃经》。

这部经卷是昙无谶在凉州翻译的最重要的佛经，在这部著作中谈到了禅修是学习佛法的最佳途径。

而中国的道教与儒家同样注重修行。

因此，佛教的禅修方法很快获得了河西走廊士人学子们的认同并在北凉国流行起来。

但是，要想一心一意地禅修，就需要寻找一个幽雅僻静的地方。于是，河西走廊的祁连山便成为石窟开凿再理想不过的场所。

作为北凉的国君，沮渠蒙逊开始筹备建造一座规模雄伟的石窟。

昙无谶及昙曜等凉州僧人选定了天梯山，开始召集工匠们开凿石窟，大规模建造佛像。

沮渠蒙逊还特意要求昙曜在窟中为他刚刚逝世的母亲车氏雕凿了一尊5米高的石像。

对于昙曜来说，这座石窟的修建，将成为他非凡事业的起点。

许多年以后，他将前往北魏首都平城，也就是今天的大同。

在那里,他将和自己的工匠们打造一座蜚声世界的巨大石窟。

那就是——云冈石窟。

天梯山石窟不仅成为北凉的佛教圣地,众人修行朝拜的中心,它还在一个历史的瞬间无意中挽救了河西走廊的佛教徒,令这里的寺庙僧人免遭灭顶之灾。

公元 429 年，北凉皇宫内的沮渠蒙逊接到一个噩耗，出征邻国的太子死于乱军之中。

听到这个消息的沮渠蒙逊大发雷霆,他把征战失败,太子横死的结果归罪于高僧昙无谶——

因为出征前他让昙无谶为太子做的占卜是好的结果。

沮渠蒙逊痛骂佛法无用,下令遣散僧人。

在佛教传入的初期,僧侣在某些时候还会被混同于方士,而高僧也不得不兼具大法师的角色,时常要为国君占卜吉凶。

此时,昙无谶并不在意自己的生死,而是对佛教在北凉的命运充满担忧。

如果国君迁怒于佛教,那么佛教在这个地区好不容易建立起来的地位将荡然无存,僧侣们为弘扬佛法所付出的心血也将付诸东流。

当面对佛祖塑像祈祷的昙无谶偶然抬起头时,看到佛像的面容。

他沉思片刻，派人前去禀告沮渠蒙逊说，在天梯山石窟有神秘的事情出现，请国君立即前来查看。

沮渠蒙逊闻讯火速赶来。

昙无谶告诉他：

因为皇上下达了毁灭佛教的命令，大佛泪流不止。

沮渠蒙逊仰望佛像，惊讶地发现自己为母亲造的这尊佛像，面颊上竟然有深深的泪痕。

沮渠蒙逊幡然醒悟，收回了灭佛的命令。

或许，大佛的眼泪是雨水形成的痕迹。

或许，是僧人精心安排的计策。

无论是人为还是巧合，总之，高僧昙无谶和天梯山石窟的佛像一起，阻止了一场即将发生在河西走廊的大规模灭佛活动，令佛教文化和艺术可以在这

人物背景

昙无谶

昙无谶（公元385年-433年），又叫昙摩谶。中天竺(今中印度)人，6岁丧父，随母为人打毡。有一次偶遇僧人，昙无谶在母亲的支持下成为了佛门弟子。他很聪颖，10岁时，与几个同学一起读咒，“诵经日得万余言”(梁·慧皎《高僧传·昙无谶传》)。昙最初学小乘佛义，“兼览五明诸论”，“讲说精辩，莫能酬抗”，没有人说得过他。后来碰到一位“白头禅师”，议论佛理，昙“虽攻难锋起”，十几天，仍辩不过。昙“服其精理”，并问：“颇有经典可得见否？”白头禅师即“授以树皮涅槃经本”。昙读过后，“惊悟”自己“坎井之识，久迷大方”。在众人面前悔过，从此，专门攻习大乘。年岁不大就读过《大般涅槃经》，到20岁时，已“诵大小乘经”二百余万言了。

昙无谶于玄始元年，公元412年到姑臧，学汉语三年，他译经的文笔“富于文藻，辞制华密”，可见其对汉语已十分精通。玄始三年，昙无谶开始译经。《大般涅槃经》分前分、中分、后分三部分，昙无谶由印

里继续生长，并为中土文化输入源源不断的灵感，更为后世的人们留下无可估量的文化遗产。

就在天梯山石窟造像的同时，祁连山沿线的一批佛教石窟也在五凉时期相继开凿。

它们是——

敦煌莫高窟北凉三窟第268、272、275窟；

玉门昌马石窟下窑第4窟；

张掖肃南文殊山石窟千佛、万佛二洞；

肃南马蹄寺石窟群；

金塔寺东、西二窟。

它们和天梯山石窟一起被统称为河西早期石窟。

这些石窟是佛教进入中国的清晰线索和深刻烙印，它们承袭新疆龟兹、于阗等地造像传统，带着鲜明的西域和印度色彩，并最早开始融合汉地艺术，汲取新的元素，形成独具特色的石窟样式。

中国著名考古学家宿白对此极为关注。

1986年，宿白在《考古学报》上正式发表了他的观点——

《凉州石窟遗迹和"凉州模式"》。

他把新疆以东、河西走廊上现存的早期佛教石窟造像艺术手法命名为"凉州模式"。

1994年，70多岁的宿白，亲临天梯山石窟实地考察，确认天梯山石窟创立了"凉州模式"。

他认为，凉州模式可分为两个阶段：

早期以天梯山残存的遗迹、酒泉等地出土的北凉石塔和炳灵寺第一期龛像为代表；

晚期则以肃南金塔寺、文殊山千佛洞和炳灵寺

度随身带来的是前分，所以最初只是节译了《大般涅槃经》。416年前后，昙归国搜寻《大般涅槃经》其余部分，适遇老母病逝，停留了一年多，后在于阗寻得《大般涅槃经》的中分，418年回到敦煌。

昙无谶418年回到敦煌时，西凉的李歆、李恂和北凉沮渠蒙逊在酒泉、敦煌一带连年征战，激烈争夺。直到蒙逊玄始十年，李恂永建六年(公元421年)，蒙逊亲率军攻下敦煌，昙无谶遂随沮渠蒙逊回到姑臧。

沮渠蒙逊幕下时期，昙无谶继续翻译《大般涅槃经》，该经典也成为昙无谶对中国佛教最重要的贡献，被列为大乘五大部经之一。公元421年，昙无谶译出四十卷本《大般涅槃经》后，初传于北方，后传至南方。刘宋时僧慧严、慧观与谢灵运等对其加以修订，世称《南本涅槃经》。《大般涅槃经》译成后，解决了当时中国佛教界一场有关"佛性"问题的大辩论，具有划时代意义，随之而来的就是大乘《涅槃经》占据了当时佛教的重要地位，广为流传，涅槃学兴盛一时，形成中国的涅槃学派，即涅槃宗。

第二期龛像为典型。

接下来，这种河西特色的艺术风格又由昙曜和内迁的工匠们带到了中原。

从平城的云冈石窟，再到洛阳的龙门石窟，中原佛教石窟艺术的成就，无不闪耀着凉州石窟的熠熠光彩。

通过造像风格的细致比对，专家们发现，南北朝时期佛教艺术在河西走廊兴起后，并非按照最短路线传播，而是由凉州至平城，再由平城至洛阳，接着再折回到长安和陇东的有趣路线，而像天水的麦积山北朝石窟和陇东的北石窟寺同样是这条佛教石窟艺术传播路线上留给后人不朽的艺术杰作。

毫无疑问，河西走廊成为西域佛教艺术传播到中国的第一站和驻泊地。

它们停留在这条宽大的通道上。

它们渐渐适应着当地的环境。

它们汲取着新的艺术元素，小心谨慎地尝试着最早的造像形态，渐渐地，一种有着河西走廊风格的凉州特色石窟诞生了。

令人感慨的是，秉持儒家文化的人们，没有排斥这个来自异域的宗教。相反，他们以兼收并蓄的开阔心胸与气度，在河西走廊培育了深厚温和的文化土壤，令生活在这条通道上的人们对佛教的态度更加宽容。

张掖肃南的马蹄寺石窟群，正是由大儒郭瑀率领弟子为读书讲学而开凿，最终发展成为了佛教圣地。

在河西走廊相对宁静的土地上，儒家文化与佛教如同两条汇聚的河流，开始了它们最初的彼此探索、琢磨、交融与激荡。

通过河西走廊，佛教文化和石窟艺术继续向东传播，进而深刻影响了广袤的东亚大地。

到了南北朝时期，佛教已经流行至整个中国南方，各代帝王都大建石窟、寺院。

此时,中国内地也涌现出不少影响深远的高僧,他们中的一些人开始自东向西穿越河西走廊,回溯佛教的起源,将中原文化对佛教的融合与提炼反哺西方。

自三国时期的高僧朱士行第一次踏上西行求法之路后，这条走廊见证了无数高僧大德追寻信仰的身影:竺法护、法显、宋云、惠生、玄奘……

就这样,西来东往的这两种足迹,在公元四世纪末、五世纪初重叠在了河西走廊。

在今天河西走廊上的金昌市永昌县,有一座始建于公元561年的寺院——圣容寺。

它原名瑞像寺,与其他供养佛像的寺院不同,在圣容寺正殿内供奉的是一块石壁。石壁的轮廓形似一位正在行走的僧人。这尊天然形成的石像被称为“凉州瑞像”,它的由来,与河西走廊上一直流传着的一个神奇传说有关。

公元435年,一个叫刘萨诃的北魏僧人向着落日的方向独自行走。他来到河西走廊的凉州番和县,也就是今天甘肃境内永昌县城西二十里的水磨关一带。

刘萨诃在这里停住脚步,沉默了很久,说:

“此地即将出现天然的佛像。”

接着,他又说:

“佛像的变化会预示着天下的兴衰。”

在他说过这两句话的86年后,水磨关绝崖石壁上竟然真的显现出一尊石头佛像。

人们惊讶万分,称其为“凉州瑞像”。

通常，佛教徒会把祥瑞圆满的诸佛菩萨的造像称为瑞像，而这尊天然形成的佛像可谓是自然造化的神迹。

从此，刘萨诃被尊为神佛，人们为他和石佛瑞像修建了一座寺院，以示纪念。

据说，公元572年的一天晚上，石佛瑞像的佛首突然自行落地。

两年之后，北周武帝宇文邕就下令焚寺灭法，天下寺院皆遭焚毁，无数僧众受到严厉打击，瑞像寺也没有逃过此劫。

刘萨诃的预言似乎一一应验了。

佛教进入中国后，一直积极与知识阶层的雅文化和统治阶级的权力文化进行融合，但佛教在民间的传播和发展状况一直处于朦胧的迷雾之中。

也许，刘萨诃这个特殊的高僧刚好弥补了这个空缺。

他的预言和传奇的故事被普通的老百姓接受，在不断的传颂中变得越来越丰富和神奇，凉州瑞像也一直得到信众的供奉。

今天，在河西走廊的石窟中，仍保存有不少以凉州瑞像为题材的作品。

这是五代末期开凿的敦煌莫高窟第72窟。

在该窟西壁帐门外北侧的北上角，画有一个穿着袈裟的比丘，在深山石窟中打坐。旁边的题榜表明，这就是“圣者刘萨诃和尚”，在这个洞窟主室的整个南壁，更是用情节

繁多、画面宏大的经变画形式表现了刘萨诃的故事。

在今天的河西走廊上，分布着大量佛教石窟遗迹，它们代表了佛教在不同时期经由这里传播所留下的印迹。

敦煌的莫高窟和瓜州的榆林窟，是世界上现存规模最宏大、保存最完好的佛教艺术宝库。张掖肃南文殊山千佛洞内的北凉壁画运用西域凹凸边晕染法将四壁绘满千佛，万

佛洞内的西夏壁画用宏大的气势描绘了佛国世界的神奇景象。张掖的大佛寺始建于西夏时期，寺内供奉着亚洲最大的室内木胎泥塑卧佛。肃南的金塔寺东西二窟保存有十六国北凉以来的彩塑260余身，悬空于壁间的立体飞天，将圆雕和浮雕完美结合，时间上比敦煌飞天还早了300年。

因为这些石窟的存在，河西走廊也被人们称为“石窟走廊”。

尽管顶礼膜拜的时代早已远去，但不朽的岩石却赋予了佛像们一种接近永恒的气质，让千年后偶然到来的游山者依然能感受到超然物外的沉静与智慧。

公元609年，距离天梯山石窟的开凿已经过去了将近200年。

隋朝终于结束了中国数百年分裂动荡的局面，实现了中国的再次统一。

就在这一年，隋炀帝杨广动身西巡。

他来到河西走廊，亲赴凉州番和县，拜谒了瑞像寺的石佛瑞像，并下旨扩建寺院。这一次西巡历时9个月，随行的部队、官员10万余人。

作为中国历史上唯一亲临河西走廊的中原帝王，站在凉州的城楼上向西望去，杨广比任何人都更能感受到这条通道的重大意义。

而河西走廊，也因为他的此次西巡，迎来了新的历史机遇。

第五集
造像
河西走廊
HEXI CORRIDOR
CHINA'S WILD WEST

第五集　造像

叶 舟

那一年　与鸠摩罗什
邂逅凉州
四目相对　那一年
天下大旱　祁连山一带
百草不生　砾石遍布
那一年的晌午　往往
雨云饱满　转眼之间　却又
赤野千里　太阳吐着舌头
寻觅寺前的一片阴凉地
那一年,鸠摩罗什高鼻深目
不像一位王子,更像一介
佃户　那一年
鸠摩罗什戴罪在身　必须把天竺
翻译成汉语　顺便把佛陀
延聘于河西　那一年
鸠摩罗什身材修长　胡子发红
免不了回望龟兹
眺望西域　那一年的傍晚
皇上在梦中看见了桃花
大病初愈　有一些苍凉
有一些思念　那一年
野鸡无名　草鞋无号
鸠摩罗什仍是一只囚鸟
那一年　鸠摩罗什走出了塔影
困厄于凉州　左邻右舍
只当是一个怪物
那一年还有苍生　也有天下
谁遭逢了心中的苦海
方可称得上真正的人　那一年
井底干涸　乌鸦燃烧
惟有泪水才能熄灭一切的
愤怒　那一年
与鸠摩罗什邂逅凉州　彼此
不语　那一年的陈酿不错
于是会心一笑　把盏而尽
那一年　中原告急　长安吁请
对面的鸠摩罗什　却像
一枝莲花　次第　缓慢地苏醒

那一年吉兆　好事将近
那一年的天下大事　皆在《心经》

丝路

公元 605 年 隋·大业初年

当隋王朝再次统一中国的时候，历经战火动荡的人们充满期待。

此时，一个来自帝都的高级官员西出长安，翻越秦岭，渡过黄河，踏上河西走廊，

仔细巡视了武威、张掖等地。

他广泛接触当地民众，约谈地方官员，特别对来自西域的商人给予了高度关注，

主动了解他们家乡的风土人情，饶有兴致地听他们讲述漫漫商旅之路上的艰辛故事。

这位看上去诚恳亲切又豁达睿智的帝都官员很快就赢得了人们的信任与尊敬。

他叫裴矩。

西北之行的裴矩肩负着隋王朝交付给他的使命——

让维系东西方贸易的丝绸之路重新活跃起来，并致力于打造一条帝国向西的经济动脉。

隋文帝杨坚统一中国后,河西走廊迎来了新的机遇。

重新开设的边境互市让丝绸之路再次活跃起来。

此时的世界,欧洲刚刚进入黑暗的中世纪,古老的罗马帝国衰落之后再也没有复兴;

而地处亚欧大陆东部的中国,在经历了魏晋南北朝长达数百年的混战之后,终于在公元 589 年,被一个叫作隋的朝代重新统一。

15 年后,公元 604 年,三十五岁的杨广即位,成为了隋王朝的第二任皇帝。

这位被后人称为"隋炀帝"的杨广,雄心勃勃地选择了"大业"作为自己的年号。

从登基的那一天开始,杨广对于这个国家开拓性的治理思路,就在他的强大集权下迅速推行。

为了更好地沟通江南经济地区、关中政治地区与河北、辽东等军事地区,他下令在长安以东的洛阳建造了一座新的都城,并启动了隋唐大运河工程。

这个全长近两千公里的浩大水利工程,仅仅用了 4 年时间就建造完成。

这条大运河,将中国内地重要的水系连接起来,形成了运输网络;沿线兴起了许多商业城市，其中江都，也就是今天的扬州更是因为这条运河，成为了隋朝的经济重心。

对经济发展颇为重视的隋炀帝当然也不会忘记辽阔的西部地区，很快，他将目光投向了河西走廊。

自汉武帝将河西走廊纳入中国版图后，作为丝绸之路咽喉的河西走廊一跃成为重要的商业区域。

隋炀帝登基时，中原的商业经过二十年的休养生息已逐渐兴盛，并出现了繁华的城市与富商大贾。他们强烈希望能与西域胡商进行贸易。

但中原与西域大规模的商贸往来已因战乱中断了数百年，大批的西域商人谨慎地选择了以河西走廊为中转站。

面对西域各国的裹足不前，隋炀帝杨广颇费思量。他决定迈出隋朝经营西方的第一步。

关于合适的人选，他首先想到了裴矩。

裴矩，祖籍山西。

他精通经史典籍，并有着丰富娴熟的政治经验。

隋朝建国后，裴矩就受到隋文帝重用，参与了隋朝礼仪制度的建立。

公元588年，裴矩跟随后来成为隋炀帝的皇子杨广参加了平陈战役，在战后的安抚工作中表现突出，因而得到赏赐和擢升。

此后，他通过精准的政治谋略，兵不血刃地让突厥分为东西两部，并使东突厥归附隋朝。

隋炀帝登基后，他成为朝廷五位重臣之一。

裴矩以其出色的外交能力及他对西北地区民族问题的了解，赢得了隋炀帝的赏识。

隋炀帝召见裴矩，询问西部疆域的经略思路。裴矩建议通过疏通河西走廊来恢复丝路贸易，并加强与西域诸国的政治、文化交流。

这个思路与隋炀帝不谋而合。

公元605年，受隋炀帝委派，58岁的裴矩来到了张掖。

张掖位于河西走廊中部，魏晋后中原大乱，丝路不通，西域商人只能到张掖与中原商人进行贸易。

裴矩选择在这里主持西部的边境贸易，同时进一步找到发展西部经济的办法。

虽然这是裴矩第一次来到河西走廊，但他对这里有一种莫名的亲近感。

他的祖辈在魏晋南北朝时期，为了躲避中原战乱，曾在这里生活了很长时间。直到后来苻坚灭前凉国，才迁回山西。

初到张掖的裴矩，很快便被这里的繁荣所吸引。

集市上常常可以见到成群结队来自西域的胡商，他们的长相、服饰都明显区别于中原人。他们带着香料、手工艺品、地毯等内地不常见到的货品在这里买卖。之后又采购当地的丝绸、茶叶、土特产，销往

时代背景

丝绸之路是一条东西方交通的大道，是一条东西方文明互动之路，河西走廊在这个历史舞台上扮演着极其重要的角色，这条长达两千余里的走廊，是具有多元文化特色的华夏文明滋长的长廊。

承担着商业之路、文化之路、宗教之路、艺术之路、香料之路、白银之路、玻璃之路等各种综合性功能为一体的丝绸之路，无论其两边如何分道，唯独在河西走廊是完整的、统一的，这条长廊上的大大小小的绿洲即在中古时期承担东来西去的文明，担当着商人、僧侣、艺术家的一个个驿站，他们在这里的活动，经过四千多年漫长人类文明历史长河的沉淀，最后汇聚成一条中西文化璀璨交汇的文明之路。走廊上星星点点遍布的文物古迹，闪耀着文明互动的光芒。

据历史文献和出土文物的记载印证，沿河西走廊由西而东的敦煌、瓜州、酒泉、张掖、建康（高台）、武威，是中亚入华的粟特九姓胡人的聚居地，自汉代以

广阔的西亚和欧洲各地。

古老的商路已经逐渐恢复，边贸互市以及民间的贸易交流正在兴起。

这给了裴矩很大信心。

他放下朝廷重臣的身段，主动寻访商户，特别是那些走南闯北的胡商。

通过深入细致的交流，裴矩对这些商人的想法有了准确的了解。

同时，他还从他们的口中，了解到了西域各国的风俗、地理、物产、典章制度等。

他把这部分内容都记录了下来，再通过查找典籍，汇编了三卷图文并茂的书，取名《西域图记》。

在《西域图记》中，裴矩详细记述了当时西域44国的情况，并绘制了大量地图。

更为珍贵的是，在这套书的序言中，裴矩第一次详细介绍了从地中海东岸通往敦煌的三条重要

来，这些丝路的商业民族，仰慕中华文化，流寓到河西走廊后，其中的一部分人定居于河西走廊的丝路沿线，慢慢地变成当地的居民，到了唐代达到高峰，但就敦煌一地而言，至8世纪中叶时，敦煌胡人聚落从化乡的人口多达1400余人。这些胡人带来中亚的文化、宗教与艺术，又不断接受汉文化，最终通过通婚、入仕、从军等多种形式汉化，渐渐地与当地的汉人融为一体。中西文化的交流与互动也就在这些外来民族的活动与生活中产生，丰富着中华文明。

因此，可以认为河西走廊的历史与文化，时时刻刻闪烁着文明互动交融的光芒，是中华文明与外来文明交往最为频繁、最具特色的区域。把握华夏文明的胡风因素，就不能不把目光回溯到河西走廊的千年文明史。

通道：

北道：

从地中海，到土耳其伊斯坦布尔，渡过北流河到突厥可汗庭，再经过铁勒部、巴里坤湖进入新疆，向东过哈密，沿天山北麓进入河西走廊；

中道：

从波斯湾到伊朗，经过乌兹别克斯坦的费尔干纳盆地，翻越帕米尔高原，经过喀什、库车、焉耆、吐鲁番到敦煌；

南道：

从印度洋到印度北部，经过阿富汗，翻越帕米尔高原南麓，经过塔什库尔干、叶城、和田、若羌到敦煌。

正是有了裴矩的描述，再结合从敦煌到长安的路线，我们可以绘制出当年丝绸之路的全部地图。

从这里，我们可以清晰地看出，河西走廊作为丝绸之路通往中原的唯一通道，更可谓是这条商路的黄金地段，坐镇张掖的裴矩深感自己肩上的重任。

随着对河西走廊的了解日渐深入，裴矩也发现了此地商贸发展所面临的障碍。

其实，来自西域各国的商人心中都有一个强烈的愿望，那就是能前往长安、洛阳的市场进行贸易。

但河西走廊地区的商贸活动，几乎都是民间自发的交易。

当地政府始终没有一套完善的机制，来促进和管理贸易活动。在河西走廊的商路上，自汉代留下的各个驿站，都已年久失修，不能再为过路的商人提供食宿等服务了。各国商人因此裹足不前，原本应该繁华如织的丝路贸易也变得阻塞不通。

正在苦苦思索的裴矩突然想到了一个人，他曾经也面临几乎同样的难题。

这个人，就是仓慈。

仓慈，淮南人，三国曹魏时期的敦煌太守。

敦煌郡在河西走廊西段，自汉帝国以来，作为丝绸贸易集散地的敦煌，运行到东汉末年已变得破败不堪。到了三国时期，更因为连年的战乱而与内地隔绝。虽有西域商贾来这里进行贸易，但也因时常遭到豪强的阻挠和盘剥而怨声载道。

仓慈到任后，为革除积弊，营造良好的贸易环境，制定了一系列行之有效的措施：

他贴出告示，凡西域商人欲往洛阳贸易的，由政府发给旅途补助；

如在敦煌经商，则按官府制定的平价进行交易；同时派吏民护送商队，以保证客商的安全。

河西走廊在他的管理下，达到了商贸繁荣的一个高峰。

仓慈当年治理河西走廊的经验给了裴矩很大启发。

裴矩开始频繁奔波于河西走廊的张掖、武威、敦煌等地，在商路上设置新的驿站，方便商旅的来往。

同时，裴矩下令降低关税，甚至免除税款，给予前来与中国交易的西域商人尽可能多的商业利益。

他还鼓励西域商人与政府直接开展贸易，令交易活动的范围和内容大大增加。

这一系列鼓励西域商人与隋朝通商的政策，使得越来越多的商人来到河西走廊。

自此，通行在河西走廊上的西域商队可以得到沿途的官府提供的食宿和保护，而所有费用，均由政府负担。

毫无疑问，对于胡商来说，这让他们感到激动和振奋。

而这些被称作“胡商”的西域商人，他们中的绝大多数都是粟特人。

据考证，粟特人的祖先很有可能就来自祁连山下的张掖昭武城。又由于他们的姓氏集中于康、史、安、曹、石、米、何、火寻和戊地这九种，中原人士也称他们为昭武九姓。

他们居住在今天的乌兹别克斯坦一带，没有自己的王国，是一个纯粹的商业民族。

从中亚到长安，他们在丝绸之路东段沿线很多重要城镇留下了足迹，有人将其称作“东方犹太人”。

对于今天的我们来说，他们是一群已经消失了的神秘部族。由于擅长手工艺制作，他们的陶器、银器、丝绸，甚至盔甲都是当时的畅销品。

更重要的是，粟特人很善于把自己的货品变成钱。

据《唐会要》记载，他们经商能力的培育是从娃娃抓起，男孩5岁开始读书识字，稍微认一点字便开始教他们经商之道。

也就是说，他们的男孩要学会甜言蜜语，并牢牢掌控钱财，追求利润最大化。

“利之所在，无所不至”一语道出为追求贸易利益，不辞劳苦地奔波在丝绸之路上的粟特商人的形象。

他们不仅销售自己的产品，还几乎垄断了当时河西走廊上的国际贸易。

一千多年后的今天，我们只能从现存的文物中想象他们的形象，以及那条川流不息的繁荣丝路。

对于粟特人来说，他们不远万里来中国经商，是因为这里有着巨大的经济利益。但同时也存在着巨大的风险，如果不幸被盘踞在河西走廊周围的突厥、吐谷浑等势力劫掠、盘剥，他们就有可能血本无归。

当然，这也是裴矩所担忧的。

他要把这些情况尽快汇报给隋炀帝。

公元606年，大业二年七月，裴矩回到都城洛阳，他给隋炀帝带来了《西域图记》，并汇报了自己治理河西商贸的成绩。

隋炀帝随即问起裴矩下一步的措施。

裴矩称西域诸国早就有意与隋朝通商，只是位于祁连山南侧的游牧部落吐谷浑时常侵扰河西一带，阻断了西域各国进入中原的道路。现在必须要打败吐谷浑，才能保障河西走廊的安全，使西域各国与隋朝建立正常的政治与经济交往。

裴矩的这些话让隋炀帝大喜过望，他任命裴矩为黄门侍郎，派他再次返回张掖。

裴矩回到张掖后即代表朝廷召集了西域各国的官员和商人，向他们发出了前往长安和洛阳的邀请，并对外交与商贸使团开出了优厚的条件。

第二年，裴矩还邀请了高昌、伊吾等几个西域国家的王侯来到洛阳，和隋炀帝一起祭祀恒山。

同年，裴矩成功游说河西走廊北侧的突厥人铁勒部，使其南下对吐谷浑发起了进攻。

吐谷浑可汗伏允，一路东逃到了今天的西宁。

这一仗对吐谷浑打击很大。

万事俱备，隋炀帝心中随即产生了一个宏大的国家计划。

公元609年初，隋炀帝向朝廷的文武百官宣布——

他要西巡河西走廊，并且要邀请西域诸国首领在那里共同举办一个盛大的聚会。

在西巡途中，他还要御驾亲征，以彻底消除吐谷浑对河西走廊的威胁。

这个开先河的壮举，让朝野为之震动。

当年,汉武帝也仅仅是在黄河岸边向西远眺,而隋炀帝将成为第一个踏足河西走廊的皇帝。

而邀请诸国首领在中国的土地上聚会,更是自古第一次。

只是,这样的一次巡视,势必耗费巨大,再加上路途遥远,还要冒兵戈之险。

是否有这个必要?

大臣们的担忧和疑虑对于杨广来说毫无意义,繁复而细致的准备工作随即有序地展开了。

公元609年三月,即隋大业五年,隋炀帝杨广率文武官员、嫔妃、侍从以及十万大军,浩浩荡荡从长安出发,途经扶风,在临津关也就是今天的甘肃临夏渡过黄河,两个月后,来到青海的乐都县。

隋炀帝带领大军,在这里展开了对吐谷浑的全面进攻,

隋朝大军势不可挡。

吐谷浑部落十余万人投降。

仅有几十人跟随吐谷浑可汗伏允逃到了青海湖边。

此战之后,吐谷浑再也无力威胁河西走廊。

在出征途中,隋炀帝写下了著名的长诗《饮马长城窟行示从征群臣》:

释兵仍振旅,要荒事万举。

饮至告言旋,功归清庙前。

今天的我们,依然可以从这首诗中品读到当时隋炀帝的万丈豪情。

战役结束之后，隋炀帝设置了西海、河源、鄯善、且末四郡。

这四郡东起青海湖东岸，西至塔里木盆地，北起库鲁克塔格山脉，南至昆仑山脉。

这一场胜利，也使得围绕西域博弈的天平，彻底倾向隋王朝一边。

西巡真正的目标还没有实现，下一站是河西走廊的张掖，裴矩和西域各国的王公使节们正在那里恭迎旗开得胜的隋炀帝。

当然，还有那个史无前例的国际大聚会。

现在，只要穿越祁连山的一个山隘，就可以从青海进入河西走廊到达张掖。

这正是当年张骞进入河西走廊的路，这个山隘叫扁都口。

作为横贯祁连山脉的高山峡谷，这条古道海拔三千多米，与终年积雪的雪山为邻。无论在当时还是现在，扁都口始终是祁连山谷中距离西宁最近、唯一穿越祁连山北上张掖的通道。

每年的 7 月是扁都口最美的季节，万亩盛开的油菜花使千年古道扁都口成为今日河西走廊一道亮丽的风景线。

公元 609 年六月初八，借着大胜吐谷浑的好心情，隋炀帝的西巡大部队，进入了这条古道。

尽管六月的洛阳，早已是一片盛夏气象，但祁连山深处的六月，气候捉摸不定。

隋炀帝的随从和那些后宫嫔妃，对高原上如此严酷的寒冷显然估计不足。

就这样，在一场突如其来的暴风雪之后，近一半官兵与隋炀帝的后宫佳丽被冻死，甚至包括杨广的姐姐。

3 天后，隋炀帝一行终于在经历了对吐谷浑的大胜和突如其来的风雪这一喜一悲之后，艰难穿越扁都口，来到了张掖的焉支山下。

焉支山，祁连山的一条支脉，黑河发达的水系孕育了这里丰富而茂盛的植被，山上林海松涛、碧波无际，山下沟壑纵横、清泉淙淙。

不远处辽阔的天然草场正是盛会的绝佳地点。

公元 609 年六月·大业五年

丝绸之路重镇张掖城外的焉支山下，一场盛况空前、云集西域二十七国首领和代表的贸易盟会拉开序幕。

盛会的主持者自然是来自中原的皇帝，西域各国的使节和首领、商人和平民一齐涌

肃肃秋风起，悠悠行万里。万里何所行，横漠筑长城。
岂合小子智，先圣之所营。树兹万世策，安此亿兆生。
讵敢惮焦思，高枕于上京。北河见武节，千里卷戎旌。
山川互出没，原野穷超忽。撞金止行阵，鸣鼓兴士卒。
千乘万旗动，饮马长城窟。秋昏塞外云，雾暗关山月。
缘严驿马上，乘空烽火发。借问长城侯，单于入朝谒。
浊气静天山，晨光照高阙。释兵仍振旅，要荒事万举。
饮至告言旋，功归清庙前。

——隋炀帝《饮马长城窟行示从征群臣》

入张掖,渴望一睹中原皇帝的风采。

高昌和伊吾等西域国家的贵族也来到了张掖,表示愿意与隋朝交好。

尽管刚刚经历了扁都口的艰险,杨广在接见高昌王和西域各国使者时,依然不失大国之君的威仪。

他下令武威、张掖两地的仕女盛装出席,充分彰显大隋朝升平盛世的景象。

来自中原的宫廷乐手,以及来自西域各地的民间歌舞艺人,在会场上争奇斗艳,为这场盛会带来了浓郁热烈的欢乐气氛。

富丽堂皇的观风行殿,陈设着中原的手工艺品。

西域各国的使节被眼前的雍容华贵折服,对隋王朝雄厚的经济实力叹为观止。

自然,当地不少粟特商人也一定不会错过这次盛会。

他们不失时机地从骆驼上卸下了琳琅满目的商品,带到张掖城里的大小集市上,向来自各国的客人兜售他们的货物。

整个张掖城人山人海、热闹非凡,人群延绵数十里。

帝王西巡河西

隋唐是继两汉之后河西经济社会发展的又一高峰期。隋朝虽然短暂,但是对河西的经营开发,为唐代打下了坚实的基础。炀帝西巡,首先是为了安定西部边陲。众所周知,我国自汉至唐的十来个建都长王朝,都十分注重西北方面的防御,从汉武帝在河西走廊设张掖郡时,就取“张国臂掖”之意。顾祖禹在《读史方舆纪要》中曾说:“昔人言:欲保秦陇,必固河西;欲固河西,必斥西域。”就合乎逻辑地总结了这方面的历史经验。自从南北朝以来,由于突厥、吐谷浑等部的骚扰,西部边境很不安定。尤其是吐谷浑,据有今青海大部、南疆一部分和甘南、川西北一些地方,“东西三千里,南北千余里”,人口不过数十万,但与突厥、党项连兵,长期以来是西陲边地的不安定因素。

为进一步解决突厥和吐谷浑的威胁,进而开通西域,安抚西域诸国,保障丝路贸易,隋朝将河西作为重要的战略基地,全力以赴进行经营。在此过程中,这样的景象整整持续了一个月。

当年，河西走廊盛况留下的痕迹我们已经无法找到，但，那场气势恢宏的“万国博览会”曾经深刻影响了中国的历史进程。

一千多年后的今天，各种各样的博览会已经成为世界风尚。

2010年4月30日，上海世博会的大幕正式拉开。

在此次世博会上，与敦煌莫高窟一起被“搬入”甘肃馆内的还有1400年前隋炀帝在焉支山下召开的这场万国盛会。

追溯历史，世博会最早的发源地也许就是在这河西走廊的焉支山下。

在张掖盟会期间，隋炀帝杨广登临焉支山的峰顶参天禅地。

当年汉朝将军霍去病曾越过焉支山，击败匈奴，夺得河西走廊，打通了中原与西域交往的通道。自此，焉支山成为胜利的象征而载入史册。

隋炀帝的此次西巡，让中原王朝与丝路沿途各国的政治、经贸、文化交流得到了全面恢复。

丝绸之路又一次向中原大地敞开。

不断加强河西政权建设，完善边防保障体系；大兴屯田，发展农牧；开展互市，繁荣民族贸易，取得了显著成效，有力地促进了河西经济社会的发展。特别是隋炀帝西巡张掖，对于隋朝在河西及西域控制加强、保障丝绸之路畅通、促进河西经济文化的发展起到了积极作用。

隋炀帝除向西北开拓疆土外，隋朝大军还向东南进行了一系列开疆拓土的战争，这些战争的胜利使大隋王朝东南的领土疆域扩大到印度支那的安南、占婆（今越南地区）及中国台湾等地。此外隋朝还把强大的突厥分裂成东突厥与西突厥两部，并在和东突厥的战斗中取得胜利。这也为以后唐太宗取得一系列的胜利打下了坚实的基础。以有些现代人看唐朝疆域的看法，隋朝的疆域竟比唐朝大。

隋炀帝的西巡历时将近10个月。

这是隋王朝西部战略的顶峰。

也是丝绸之路中西贸易史上的一个里程碑。

隋王朝对河西走廊以及西域的经略,为后来唐帝国的盛世打下了坚实的基础。

当年河西走廊上的盛况留给了我们无尽的想念,繁华早已随风而逝,但岁月并未掩埋一切。

这是一座以“骆驼”命名的古城遗址,也是目前国内保存最大、最完整的丝绸之路大型汉唐古文化遗址。

骆驼城,位于河西走廊的中段,甘肃省张掖市高台县城西南20公里处。

它建于汉朝,曾是魏晋时期北凉的故都,也是丝绸之路的重要商镇。今天的我们穿行于厚厚的城墙间,依然可以回想当年河西走廊的丝路盛景。

张掖贸易盟会结束后的第二年,隋炀帝批准开放了从张掖通往长安、洛阳,以及其他内地城市的道路。

发展民族贸易,注重文化交流

西北地区的民族贸易自古以来比较活跃,但是真正出现比较固定的互市管理机构,却始于封建社会高度发展的隋唐。隋炀帝时西域各族或政权使者纷纷前来河西地区从事互市,中央政府派遣重臣裴矩前去掌管主持互市,开中央政府主持互市之先河,在西北民族尤其河西民族贸易史上具有非常重要的意义。

为促进当地民族贸易的进一步发展,裴矩曾明确指出,丝绸之路自敦煌出发直至西海,可以分为3条道路,而这3条通道“总凑敦煌,是其咽喉之地”。以裴矩为代表的隋中央政府的决策者将河西地区形象地比喻为丝绸之路的“咽喉”,是隋王朝对河西地区战略地位认识的一次飞跃。基于此种认识,隋代对河西地区全力以赴、苦心经营,举凡攻打突厥、吐谷浑和开展屯垦,在河陇地区发展官营畜牧业,对外籍商人给予优惠政策,隋炀帝西巡并亲自主持张掖互市等一系列重大活动,都是保证

西域各国商人，甚至王公贵族，纷纷沿着河西走廊进入长安、洛阳，为中原的都市生活带来了新的面貌。

丝路的畅通，让商人们获得了更多的商旅便利，关税的降低，也使得来中原做生意变得更有吸引力。

丝绸之路再度成为世界经济、文化交流的最重要通道。

然而，所有人都没有想到，大业五年的那场盟会，既是中西贸易史上的一个里程碑，也是大隋迅速由盛转衰的开端。

一连串让国家超负荷运转的举措，令隋王朝恰是在国力最强盛的时候，爆发了隋末民变。

公元618年，仅仅做了十四年皇帝的杨广被叛军所杀，隋王朝被一个生机勃勃的帝国取代，它就是大唐。

而这个帝国的建立者，正是杨广的表兄李渊。

李渊为自己短命的表弟选了"炀"作为他的谥号。

丝绸之路畅通、发展河西民族贸易的有效措施。

有鉴于此，隋炀帝才令裴矩"于武威、张掖间往来"，不遗余力地招引外籍商人。在河西民间民族贸易迅速发展的基础上，隋炀帝采取有效措施，由中央政府在河西地区直接控制民族贸易，这样以"互市"为主要内容的张掖国际性贸易就全面展开。互市的出现，既是河西地区民间民族贸易发展的必然结果，又是隋政府为扩大对外影响，点缀天朝上国门面，全面对外开放，基于政治、军事和外交诸方面的考虑而采取的具体措施。

裴矩认为，随着隋代统一全国，就要不断满足西域诸国各族首领的要求，向西域诸国通使遣好，加深怀抚，并与其联合起来共同剪除突厥、吐谷浑在河西地区的势力，恢复和发展丝绸之路及其沿线民族贸易活动。裴矩这些主张，深受隋炀帝赞赏，因此被提拔为黄门侍郎。与此同时，中央政府以裴矩的建议作为开发河西、经营河西决策的主要依据，并命令裴矩全权负责。

古代《谥法》说:"去礼远众曰炀,好内远礼曰炀,好大怠政曰炀,肆行劳神曰炀。"

自此,隋炀帝杨广成为了中国历史上最具争议的皇帝。

公正地说,正如"大业"这个年号,杨广一生短短十四年的帝王岁月,还是颇有建树的。

他开凿运河、开疆拓土、经营西域、重开丝路,奠定了大唐帝国兴旺繁荣的基础,但也正是因为他的急于求成,不恤民力,耗尽了国力,加深了人民的痛苦,导致了隋朝的灭亡。

正如后世学者对他的评价"其罪也彰、其功也卓,弊在当代、利在千秋"。

在浩瀚的历史长河中,尽管背负了诸多骂名,杨广仍不失为一代有为之君。

河西走廊理应铭记他。

唐武德九年,公元626年,28岁的李世民登基,成为后来的唐太宗。

登基后不久,李世民便在长安宫殿里举行了一次盛大的宴会。年逾八旬,此时已是唐帝国户部尚书的裴矩,也接到了赴宴的邀请。

宴会上,乐师们在铿锵有力的《秦王破阵乐》后,又演奏了一曲由西域传入的《西凉》大曲。

这熟悉的音律,让裴矩的思绪飘回了二十年前,他想起了第一次前往张掖之前的雄心壮志;想起了编撰《西域图记》时的艰辛,更想起了大业五年,焉支山下,他为隋炀帝安排的贸易盛会,当时的宫廷乐师,似乎也演奏了这曲《西凉》。

细弱的丝弦拨动了裴矩苍老的心。

曲终人散，已是夕阳西下。

裴矩走上了长安的城楼。他向西眺望，仿佛看见一队沿着丝绸之路走来的西域胡商，正伴着夕阳，从金光门走进了长安城的西市大街。

公元627年·唐贞观元年

裴矩，这位历经北齐、隋、唐三个朝代的老臣离开了人世。

他为之呕心沥血创作的《西域图记》，也在纷乱的时代中流离失散了。

然而，裴矩为中原王朝开拓的西北战略，扎扎实实给唐帝国的统治者奠定了稳固平顺的基础。

河西走廊与丝绸之路，很快就将成为当时世界范围内最重要的经济贸易与文化交流大通道。

政治的稳定，开放的政策，让河西走廊商路上的贸易往来空前繁荣，中原地区的文化气象也变得多元起来。

通过与周边民族的不断融合，唐代中国成为了世界文化的焦点所在，并由此迸发出了前所未有的生命活力。

伴随着唐帝国这个中原王朝最繁盛时期的到来，作为丝绸之路咽喉要道的河西走廊，也正在迎来属于它自己的黄金时代。

絲路
第六集
河西走廊
HEXI CORRIDOR
CHINA'S WILD WEST

第六集　丝路

叶舟

大道昭彰　生命何需比喻

让天空打开　狂飙落地
让一个人长成
在路上　挽起流放之下世界的光
楼兰灭下　星辰燃烧　岁月吹鸣
而丝绸裹覆的一领骨殖
内心踉跄
在路上　让一个人长成
目击　感恩　引领和呼喊
敦煌　万象之上的建筑和驭手
当长途之中的灯光
布满潮汐和翅膀
当我们人生旅程的中途
在路上　让一个人长成
怀揣祭品和光荣
寺院堆积
高原如墙
大地粗糙
让丝绸打开　青春泛滥
让久唱的举念步步相随
鲜血涌入　就在路上
让一个人长成
让归入的灰尘长久放射——
爱戴　书写　树立退下
以至失败

帛道
骑马来到的人　是一位大神

敦煌

敦煌·莫高窟

我们不知道他是谁。

他的名字应该被留在编号 220 的洞窟里。

但是，按照当时的惯例，绘画的工匠的名字不能出现在他们所做的壁画上。

于是，这个杰出的画工被时间的洪流湮没了。

但，为了呈现发生在莫高窟的这个故事，我们还是为他取了一个名字——

李工。

弹指间，沧海桑田。

一刹那，转身千年。

敦煌，河西走廊西端的重镇，它南枕气势雄伟的祁连山，西接浩瀚无垠的塔克拉玛干大沙漠，北靠嶙峋蛇曲的北塞山，东峙峰岩突兀的三危山。

两千年前，因为河西走廊的风云际会向一个年轻的皇帝招手，于是，霍去病两次深入河西走廊，驱逐匈奴。

当他停下来的时候，发现这里恰好有从祁连山流下来的雪山河，有绿洲，是一个理想的防御和出击的基地。

于是，敦煌成为汉帝国向西域迈进的边城。

它很快从汉帝国最初设置的河西走廊两郡中独立出来，成为著名的河西四郡之一。

发源于祁连山积雪和冰川的党河流经敦煌，使这块荒无人烟的戈壁滩变成得天独厚的绿洲。

汉帝国高强度的军屯与经略，丝绸之路的开通，使这里迅速成为西部重镇。

又过了 400 年。

公元 344 年的一天黄昏，有一个叫乐僔的和尚途经宕泉河谷时，看见鸣沙山在金光之中千佛显现。

乐僔认为，这个地方是佛教圣地。

他决定不再匆忙赶路了，要留在这里开窟造像。

正是这个决定让敦煌有了它的第一个石窟。

但他不会想到，从此，这里的开凿与绘制延续了若干个世纪，并且，成为享誉世界的人类艺术宝库。

不仅如此，敦煌，恰好处在丝绸之路的咽喉之地。通往西域的丝绸之路有北、中、南三条线路，这三条道路都以敦煌为起点，到达中亚、欧洲。

作为沟通欧亚的商业大道、中原王朝的前出基地，敦煌寄托了熙来攘往各色人等的梦想。而从敦煌再往西进入西域，则要穿越世界第二大沙漠——塔克拉玛干沙漠，生死叵测。

于是，人们在离开敦煌前就在莫高窟捐钱造一个窟，供养神灵佛祖，祈求得到保佑；

从西域荒漠里平安过来的人们，为感谢佛祖的保佑和恩赐，也开窟造佛供养；

平民百姓在丰年和平安盛世，希望好景长久，遇荒年战乱又盼来日能摆脱苦难，为精神上的寄托，心理上的满足，也开窟造像，求得安慰。

敦煌的各级官吏、世家大族、高僧大德也会营建属于自己的功德窟，以表达对佛教的虔诚。也有的是借开凿佛窟炫耀各自的政治、宗教或经济势力。

就这样，三危山下、鸣沙山畔、宕泉河谷的石壁上出现了越来越多的洞窟。

日出日落、斧凿声声，敦煌佛窟的营建从未在如流的岁月中停止。

石窟在不断增加，窟中的佛像在改变着容颜，从雄浑健壮变成秀骨清像，继而转向柔和丰腴，色彩逐渐细致艳丽，构图愈加大胆，佛国世界变得前所未有的宏大欢乐。

一代又一代的僧侣、画匠、供养人将他们的信仰和希望刻绘在石壁之上。

各种各样的山川景物、亭台楼阁、花卉图案等令人目不暇接，这些雄伟瑰丽的画面如果一方方连接起来，可以排成20多公里长的画廊。

这是上世纪初，一个名叫查尔斯的法国摄影师拍摄于敦煌莫高窟的一张照片。

时代背景

敦煌是河西走廊的一个制高点，汉代置敦煌郡，已见敦煌之重要性。而敦煌留存下来的浩如烟海的文化与艺术，更非他地所能比。

从地理位置上讲，敦煌处丝路交通要冲，是东往出关的最后一站，又是西来入关的第一站，丝路出敦煌分三道而行，因此敦煌处交通中心，扼守河西走廊的西大门，大门之外是个全新的世界，是汉人世界的另一个理想天国，也是汉人统治者永远的帝国梦拓展的领域。因此，从政治意义上而言，敦煌是中原帝国经营的重中之重。

不仅如此，作为满足统治者、上层人士和财富集团消费需求的外来奢侈品的商业大道丝路的关键地，敦煌承载着多少达官贵人、富家子弟的逍遥梦，又是多少丝路商人施展宏图的宝地，因此寄托着这些人信仰和愿望的数以千计的豪华的佛窟便应运而生，敦煌历代佛窟的营建“斧凿声声”，从未停止过。繁忙而富庶的敦煌中古经济记载在这些大大小小的佛窟中，因此，在这里可以集中看到河西走廊

1908年2月24日，查尔斯和伯希和及另外两位法国人组成的探险队风尘仆仆，来到莫高窟。

他们被眼前的景象惊呆了——

长达1700余米的岩壁上遍布密密麻麻的洞窟，其中南区近500个洞窟，每个洞窟中都有彩塑，四壁和窟顶画满佛像、壁画。

当伯希和和查尔斯进入今天被编号为220窟的洞窟时，非同寻常的佛像扑面而来。

3个星期后，精通汉文化的伯希和恋恋不舍地离开了。

他希望以后有机会再来敦煌时，仔细研究一下给他留下深刻印象的220窟。但，他再也没有机会了。

很快，中国学者启动了一场事关中国文明的抢救运动。

经济经略的光芒。

从文化上来讲，敦煌位处文化交汇的意义不言而喻，是汉文化和外来文化交汇、融合的中心之一，因此国学大师季羡林先生指出，敦煌是世界四大文明交汇地。从这个意义上来讲，敦煌站在世界文明的重要连接点，是承载和体现华夏文明之光不可多得的区域。

如此政治、经济、文化背景下的敦煌，确实关乎河西走廊的全局。

36 年后，1944 年的夏天，国立敦煌艺术研究所的工作人员发现 220 窟北壁瑞像壁画正在逐渐脱落。

而脱落的地方隐约露出色彩艳丽、线条挺秀的早期壁画。

当他们小心翼翼对 220 窟主室四壁壁画进行了剥离之后，整间石窟四面墙壁上显露出了场面宏大、人物传神、瑰丽无比的初唐壁画。

更令人惊奇的是，多数敦煌壁画中的人物面孔和手臂都已经因为氧化而变黑，但当 220 窟的初唐壁画展现在世人面前时，却保持着异常鲜亮的色彩——

这让所有的研究者激动不已。

在石窟的南壁，绘制着西方极乐世界的美妙图景：天上佛像与菩萨庄严神圣，地下歌伎舞伎身姿翩跹。

在石窟的北壁，七尊药师佛像站在莲台之上，流光溢彩、装饰华美。

东壁上展现了菩萨维摩诘的经典故事，场景中的人物个个神情生动，姿态得体。虽然画的是佛国景物，但精神却是世俗风貌，供佛的舞蹈者、菩萨面前的帝王臣子，都展现出各自的身份和个性。

所有到过敦煌莫高窟 220 窟的学者和艺术家都被这里的壁画所震撼。

他们共同的感觉是，220 窟的壁画绝非出自普通工匠之手，更像是大师作品。

遗憾的是，并无文献佐证，那一时期有什么大师巨匠来过敦煌。

但如果说这些壁画是由无名工匠所绘制，又的确令人难以置信。

220 窟东壁的维摩诘经变画被视为敦煌壁画中的巅峰作品，每当我们看到这幅人物肖像，都会感到一种震撼。

画面中的维摩诘居士身体微向前倾，似乎正与文殊菩萨激烈辩论着佛教哲理。而另一侧的文殊菩萨则在诸菩萨、大弟子及诸天人的簇拥下，神态自若地与维摩诘对问。

特别是在东壁“汉族帝王听法”的场景中，帝王形象的塑造手法和风格看起来和著名唐代画家阎立本的《历代帝王图》如出一辙。

而令人费解的是，大画家阎立本身在长安，敦煌与长安相距两千公里，220 窟的壁画与《历代帝王图》之间会有着怎样的联系呢？

公元 637 年，在长安的一座寺庙里，李工正在专注地绘制一幅维摩诘经变画。

李工的笔下展现了居士维摩诘与文殊菩萨辩论的场景，神情十分生动，围观的人对他所画的菩萨形象啧啧称奇。

此时，唐太宗李世民登基已有 10 年光景了。这，正是被后人称为“贞观之治”的火红岁月，一个全新的时代到来了，一切都显得那么朝气蓬勃。

随着贞观之治带来的经济繁荣，各种各样的建筑被建造出来，开放富足的时代令唐人特别热爱生活，喜欢用色彩来装点墙壁。从寺庙到官府，从私宅到皇宫，他们将美丽的

风景、绚丽的人物、充满神秘色彩的宗教场景绘制到墙壁上。

此时的唐帝国著名画师阎立本就是一位壁画高手,他的画是朝野公认的“神品”。

李工虽然还不是名家,但他是整个画坊最出色的画匠,围观人群中有人说,李工画的人物和宫中的阎立本颇为神似。

李工心中有几分得意,他每日在画坊刻苦临摹宫中的粉本,就是梦想有朝一日可以进入翰林院任职,成为一名有身份的画师。

粉本,多是当时流行的大师作品,或者皇宫中流传出来的画稿。

画匠常常照着这些粉本来画壁画,以满足客户对流行趋势的需求。

临摹粉本是作为一个画匠最基本的功夫,如果

北魏宗室东阳王元荣建285窟:

正光五年(公元524年),北魏的北方边镇爆发六镇起义。八月,孝明帝下诏改镇为州,敦煌因盛产美瓜而名之为“瓜州”(一度易名为“义州”),辖敦煌、酒泉、玉门、常乐、会稽五郡,治所敦煌。六镇起义也影响到了河西,为加强河西统治,孝昌元年(公元525年),明元帝四世孙元荣出任瓜州刺史。永安二年(公元529年),元荣受封为东阳王。由于敦煌地处西北一隅,未受到北魏末年战乱的太大影响,即使在东、西魏分治的时期,元荣仍作为西魏的瓜州刺史,其统治直到大统十年(公元544年)。元荣统治敦煌期间,河西动荡不安,他团结敦煌豪右大族,保境安民。元荣笃信佛教,在敦煌期间,曾出巨资请经生抄写各种佛经数百卷,仅保存至今的他的写经就有十余部;同时他也积极倡导和参与敦煌莫高窟营造活动,并以自己为窟主在莫高窟造一大窟,号“东阳王窟”,据考即今莫高窟第285窟。第285窟是当时营建的最大洞窟,如此大窟

不合格将不能独立工作，甚至受到惩罚。因此一般画匠的水平都必须达到一定标准，这就使得一个时期内，普通画匠的作品在艺术风格及水平方面与大师的作品差距并不遥远。

同时，粉本的流传也使得唐朝长安的绘画一时风靡，从最西面的西域诸国到东海之外的扶桑，都能看到盛唐长安艺术的风采。

尽管李工的绘画技巧已经非常高了，但是要想进入翰林院成为皇家专属的画师几乎没有可能。

有名的寺院或权贵人家为了互相攀比，更愿意邀请有名望的画师，而不是像李工这种籍籍无名的画匠来画壁。

感觉前途渺茫的李工有时候会想，自己是不是入错了行。

公元639年。

大唐王朝的富庶和开放，使丝绸之路迎来了自汉以来的第二个鼎盛时期，敦煌也成为史书中形容的“华戎所交一大都会”。

就在此时，西域地区和地处新疆吐鲁番东南的高昌国的政治形势发生了变化。

只有像元荣这样的地方统治者才有能力营建；另一方面，洞窟壁画内容极其丰富，有完全一新的中原南朝画风的进入，以及中原墓葬中出现的神怪画，说明是元荣从中原带入的粉本画稿与画工画匠；其次，元荣本人深信佛教，在敦煌藏经洞保存有他出资供养抄写的十余卷佛经；抄经题记也表明元荣想通过佛教活动，以达到对河西敦煌一带的有效统治。也就是在这样的历史背景下，元荣营建了莫高窟第285窟。莫高窟第285窟的历史与艺术价值，可谓独树一帜，代表了西魏时期中国艺术的新潮流。在该洞窟壁画艺术中，尽情展示着敦煌本土的文化艺术活动，中原内地艺术的西渐，东西文化的互动，各民族艺术的相互融合……另一方面，第285窟有来自中原的粉本题材，又有与佛教关系不大的中国传统图像，还有来自中亚西域的粉本样式。供养人中有敦煌大族阴家人，也有中亚的史国人，还有滑国人。可见多种艺术题材与样式在洞窟的汇聚，集中反映敦煌艺术与各种艺术的互动与融合，体现敦煌特有的地域特色。

当时西域一带均受蒙古游牧部落西突厥的统治。西突厥开始出现了与唐朝敌对的势力。地处西域门户、丝路要冲的高昌国国王麴文泰依附西突厥，拘留西域诸国赴唐朝的使者，试图阻止他们过境与唐帝国交往。原本“职贡不绝，商旅相继”的丝绸之路也因此阻塞不通。

这是中原王朝所不能接受的。

对唐太宗来说，维护丝绸之路的畅通和西域的安宁是国家战略的既定目标。

唐帝国的远征军迅速集结，在广泛动员招募士兵的同时，也征召了一批文化人士和手工艺者随行。

大军一路去到河西走廊和西域，作为跨区域的国家军事行动，军队无疑也担负起将大唐的文化和艺术传播到更广阔的土地上的责任。

李工的心中涌起一阵莫名的冲动。

他想，与其在长安城做一个没有名气又不受重视的小小画匠，不如到远方去看看，说不定会有机会做更大的事业。

公元639年，李工带着自己的画笔与粉本，加入了侯君集大帅的军队。

由于敦煌是距离高昌最近的河西重镇，这里自然成了唐朝大军最重要的后勤补给基地。

李工和其他工匠奉命在敦煌为帝国的军队装配攻打高昌的军械。

唐帝国大军在大帅侯君集率领下很快就攻陷了高昌城。

军队回撤之时，一些工匠选择留在敦煌。

李工便是其中之一。

北周瓜州刺史建平公于义营建莫高窟第428窟

北周时期的敦煌地方长官，即瓜州刺史建平公于义，在敦煌任职期间于莫高窟营建一大窟，即今第428窟。第428窟是敦煌早期（十六国北凉、北魏、西魏、北周）石窟群中最大型洞窟，洞窟主室有15米见方，可同时容纳近百人。洞窟壁画仅供养人画像就有1200余身，是莫高窟供养人画像之最。又从供养的身份、社会地位考察，从地方官员到寺院僧侣均有参加，河西各地也多有僧俗参与其中，其中就有远在凉州武威的僧人。正因为于义作为地方长官，因此有能力和影响力营建这样的一大窟。敦煌莫高窟营建碑记，发现于莫高窟第332窟的武周圣历元年立《李君莫高窟修佛龛碑》中有记，“复有刺史建平公、东阳王等各修一大窟……乐僔、法良发其宗，建平、东阳弘其迹”，其中建平公事迹，即是记载于义建成莫高窟第428窟的历史事件。要修建这样大的洞窟，如果没有相当的人因为他看到了施展才华的大好机会。

他发现敦煌虽然地处边陲，但田园垦辟、商贸发达，各种肤色和语言的人聚居在这里，是个十分有趣的边疆国际城市。

最特别的是，这里还保留着最初从天竺传来的佛教传统，人们普遍信仰佛教，喜爱开凿石窟，并在石窟中塑像和绘制壁画。

此时的莫高窟经过隋朝的大力营建，已经出现了上百个洞窟，数量和规模上都达到了非常可观的程度。

李工来到莫高窟，仔细观看这里的壁画，前代的画匠们用他们质朴的笔触画出了自己心目中的佛国世界，让李工深受感动。

李工和他的同伴们开始尝试着为敦煌的寺庙和

力、物力和政治文化影响力、号召力，在敦煌这样一个小小的绿洲是不大可能做到的。1200余身供养人画像的存在，是中国石窟寺供养人之最，非常形象地说明了要营建这样的大窟，需要几乎整个社会力量的参与，由此可以想象得到敦煌社会佛教信仰之盛。

洞窟绘制壁画。

代表着长安前卫绘画风格的他们带来的这种色彩鲜艳、气势宏大、人物宛若宫廷美人一般的壁画令敦煌居民眼前一亮，有人觉得把神佛画得如此具有世俗感是对佛的不敬，但更多的人很喜欢这种华丽的风格，神佛就像长安城中的时髦人物，令人备感亲切。

李工画技高超的消息很快就在敦煌传开。

他开始源源不断地接到邀约，去为新开凿的洞窟绘制壁画。

很快他就成为了敦煌画匠中的“都料”。

“都料”是工匠中技术级别最高的人，也是绘画

吐蕃统治下敦煌大族代表处士阴嘉政建家窟

公元786年，敦煌沙州人经过长达十余年和吐蕃的战争，最终沙州城内“粮械皆竭”，在没有办法的情形下，敦煌人和吐蕃人达成城下之盟，要求“勿徙他境”，即不能把他们从自己的故土敦煌迁移出去，吐蕃久攻不下，也只能同意敦煌人的要求，最终敦煌城降于吐蕃。吐蕃统治敦煌之后，高压政策对敦煌人的正常生活产生了很大的影响。吐蕃统治者要求敦煌人穿吐蕃装，改行吐蕃风俗制度，改敦煌的州县制为吐蕃民族部落制，一系列历史倒退的政治措施严重伤害了敦煌人的感情。但吐蕃人对敦煌的佛教政策不但没有限制，而且从一定程度上给予支持，因为吐蕃本土也信仰佛教。在这样的情形下，敦煌的佛教得到进一步的发展，大量的洞窟被营建出来。有相当一部分敦煌世家大族和有影响的人士，因为无法接受异族统治，因此纷纷遁入空门，或以念佛修禅度日，或发心营建

工程的规划、指挥者。

李工通常自己为壁画起底，然后让其他画匠根据粉本来描画颜色。

他感到，敦煌前代的壁画非常精彩，而自己也要把这个时代的风格带给敦煌，一种前所未有的创造力在他的心中涌动。

不久，李工接到了当地大族翟氏出资的一项重要工程。

翟氏家族是敦煌的望族，人口众多，广泛分布于敦煌的各城乡当中。

这些来自中亚粟特九姓或迁自陇西的翟氏于唐初发展为敦煌当地的士族。他们十分重视儒学，同时也是一个世代崇信佛教的家族。

凭借强大的经济实力，翟氏家族开始在莫高窟开窟造像。

公元642年，唐太宗贞观十六年，朝议郎、敦煌

洞窟，以为功德。敦煌处士阴嘉政就是这样一位人物。其父阴伯伦曾任游击将军、丹州长松府左果毅都尉，赐绯鱼袋、上柱国、开国男，夫人索氏。在吐蕃统治敦煌时期，阴氏一家颇受重用，阴伯伦任沙州道门亲表部落大使，其四子均系当时敦煌官贵或佛界领袖。但即使如此，阴处士仍觉得屈事两朝之主，不能为官吐蕃政治，于是发心在莫高窟营建大窟，当时称为“报恩君亲窟”，非常明显地表明了对前朝的怀念之情。该洞窟即今莫高窟第231窟。阴嘉政把自己父母的画像开创性地画在了洞窟主室东壁门上，这个地方本来应该是画佛像的空间，世俗亡人的进入，有强烈的祭祀意味和报恩思想，同时也因为吐蕃当局限制敦煌汉人穿唐装，于是只有画上穿唐装亡人以示纪念，因为他们生在唐朝，是不大会受到吐蕃现行政策的影响。

郡司仓参军翟通开始出资建造作为家窟的莫高窟第220窟，这是敦煌比较早的以家族为主导的石窟。

家族是中国古代社会的基本构成单位，一个官宦或贵族家族就是一个社会的缩影。

敦煌石窟的“家窟”中，不仅刻画着其家族的历史，也刻画着古代敦煌乃至整个中国的印记。

据记载，主持翟家窟营建工作的是翟氏家族在敦煌大云寺出家的僧人道弘。

学者们考证，大云寺就是今天莫高窟最大的大佛——35米高的“北大像”所在的第96窟弥勒佛窟。如今，人们已经无法见到这座寺庙了，但窟前还保存有大型殿堂建筑的遗迹。

受到道弘的委托，李工负责翟家窟的壁画绘制。

一个洞窟从始建到完成，要经过复杂精密的程序，需要李工和石匠、泥匠、塑匠、木匠等不同工种的工匠一起，合作完成。

在古代敦煌有专门的一支施工队伍，他们被称作“打窟人”，负责整修崖面和开凿岩洞，这是营建石窟的第一步。

接着就是修筑与石窟结合的一些殿堂、窟檐、楼阁等土木结构的建筑，这需要木匠与泥匠配合来完成。

然后，由灰匠负责壁画地仗的制作。地仗是指用黏土和麻棉的混合泥抹在石壁上，使墙壁光滑如纸，最后将白灰层敷在泥皮上，这是绘制壁画的基础。

塑匠专门负责窟内塑像的制作，他们一般用木条或石胎做骨架，再用泥土来塑型。

塑像的内胎完成后，彩绘的工作就交由画匠团队来完成。

彩绘工匠们用的是事先准备好的矿物颜料。

他们将矿物粉碎，用清水研磨成不同颗粒度的色浆，再混以植物胶，就做成了敦煌画匠最常用的颜料。

工匠的笔下，朱砂的红色、雌黄的黄色、青金石的蓝色和云母的白色流淌出来，一幅幅瑰丽的壁画徐徐铺开。

敦煌的画匠一般为集体作业，也有一两名画家独立承担并画完一座佛窟的。

敦煌第220窟从风格上来看，似乎是以同一个人的粉本起稿，由多人上色完成的。

李工观察了石窟的四壁，向石窟负责人道弘建议，是不是按照长安的粉本样式来绘制翟家窟？

这样，一定会给敦煌带来最能代表大唐风格的壁画，这也是李工愿意留下来的目的。

看过李工的草稿之后，道弘完全赞同他的建议。

他们共同确定了洞窟的设计方案：

在洞窟东、南、北壁分别绘制维摩诘经变、西方净土变和药师经变画。

那些来自中原长安的画工们将因为他们在莫高窟第220窟的创作，为敦煌的佛教艺术带来巨变。

这也将结束传统地方艺术占主导地位的格局。

在这个历史长河的节点上，敦煌石窟艺术显示出非凡的创造性。

唐代的壁画以规模较大的经变画为主，几乎将整个佛经的复杂内容绘制成为一幅画，基本上改变了魏、隋壁画那种横幅连环故事的结构方式。

盛唐时期，净土宗十分流行，所以，在石窟中绘制西方净土变成为佛教壁画的

主流。

所谓净土，就是通常所说的西方极乐世界。那是一个鸟鸣花香、四季如春的地方，佛陀在这里说法，聆听到真理的众生则享受无限的快乐。

李工开始在翟家窟南壁描绘他的西方净土变——

在巨型水池的中央，阿弥陀佛坐于莲花宝座上，周围拥绕着的众多菩萨正在悉心聆听，化生童子游戏其中，空中乐器不鼓自鸣，地下舞伎翩跹。李工用鲜艳明亮的色彩，流畅而精湛的线描，勾勒出歌舞升平、华丽灿烂的极乐世界。

从这幅画中，人们可以看出敦煌的艺术风格进入了全新的中原唐风时代，摆脱了印度、波斯的影响后，敦煌艺术完全独立成熟，达到了炉火纯青的境界。

正如敦煌研究院第一任院长常书鸿先生所说：220 窟的壁画“构图设色都不亚于意大利文艺复兴时期的教堂装饰绘画”。

当李工在石窟北壁所绘的药师七佛经变画慢慢成形的时候，观者无不为其构图的新颖、气势的宏大

于阗某公主在莫高窟建窟事记

五代宋曹氏归义军时期，是敦煌和于阗的蜜月时期，两家互为姻亲，两地使节和僧人往来非常频繁，于阗太子长期在敦煌城中生活，沙州城“太子庄”就是于阗从德太子等生活的地方。莫高窟第 98、第 4 窟，榆林第 31 窟有于阗国王李圣天及其夫人曹氏供养像，莫高窟第 454 窟有从德供养像。莫高窟第 444、第 244 窟有于阗太子到莫高窟的供养题记。

从德，五代宋初于阗人。是于阗国王李圣天的皇太子，他的母亲即是归义军节度使曹议金长女。因为这种独特的关系，他曾长期滞留敦煌，他的儿童时光多在敦煌渡过，莫高窟 244 窟甬道画有他和他弟弟在莫高窟游玩参观礼佛时的供养像。从德于乾德二年（公元 964 年）入宋进贡，途中在敦煌逢八月初七法会，和一同来的于阗太子从连、琮原三人到敦煌某寺佛堂内借读过法华经，莫高窟第 444 窟有他们活动的题记。乾德四年初，到达北宋都城汴京。公元 967 年，回到于阗

所惊艳。

画面中央的水池碧波荡漾，莲花盛开，水池之上有一宝台，以琉璃铺地，流光溢彩。平台上一字排列七座莲台，每座莲台上站立着一尊药师佛，合为药师七佛。

自东晋译出《药师经》后，药师信仰便开始在我国萌生和发展。

药师经极具现实意义的宣传，得到了上迄王公、下至平民的一致信奉。

在药师佛的两侧分立着身着天衣、头戴宝冠的协侍菩萨。宝台下方是奏乐、歌赞，供养药师佛的歌舞伎乐。

著名美学家宗白华认为：

敦煌的艺境是音乐意味的，以音乐舞蹈为基本情调。

当人们注目于这幅壁画，沉浸在由光轮、衣带、波浪般的纹理组合成的广大繁复的旋律中时，仿佛真的可以聆听到宇宙的音乐。

有专家辨认出，这些舞者脚踩小圆毯、衣带飘舞、急转如飞，她们的舞蹈极可能就是在唐代盛行的

之后继其父位为于阗王，年号“天尊”。公元970年，即天尊四年，曾致书其舅沙州归义军节度使曹元忠，告知其进攻疏勒黑汗并获捷之事。从德的佛学修养很高，曾被称为“于阗大德”。在藏经洞写本中有他写的于阗文《金光明》经。于阗太子从德久居敦煌，是中古历史时期外交史上的典型事例，是两地友好的象征。

公元964年九月，身在敦煌的于阗公主的奴婢佑定，给远在于阗的公主、宰相写了一封信。信的内容主要讲述的是，她因为给于阗公主在莫高窟建功德窟，中途物资缺乏，便写信索求，希望于阗发来生绢十匹或五匹，主要是用作水磨户开支，因为她们在敦煌的基本生活靠这些水磨户供应。另要一部分画窟用的颜色、钢铁及在三界寺塑佛像用的彩线等。同时，在敦煌的公主因为年老体弱，天气一冷便爱发病，因此要于阗方面寄来一些好的药品二三升。也需要绀城的细布三五十匹，用作窟上使用，因为这些都是当时敦煌市场上的通货。另也需要赤铜二三十斤，作为画窟的彩料。

《漠高窟记》

又称“莫高窟记”，晚唐莫高窟题壁记。墨书于第156窟前室北壁左上方，撰者不详，末署咸通六年（公元865年）正月十五日。主要所记莫高窟创建与发展历史、重大事件及现状，如：前秦建元之世乐僔禅师执杖西游至此，见今光状若千佛，于是创窟；后有法良禅师于乐僔窟旁又造一窟；唐代南、北大像之修建、时有五百余龛等，是研究莫高窟历史的重要文献。此记中所述乐僔造窟之事来源于武周时的《李君修慈悲佛龛碑》，于此首先倡导乐僔东来之说，对后世具有深远的影响。

胡旋舞。

随着唐太宗对河西走廊与西域的强力管控，丝绸之路畅通无阻，东西方之间的交流日渐繁荣。

来自中亚的风俗开始传入中原，胡旋舞风靡一时，“人人学圜转”成了大唐的风尚。

今天，胡旋舞已经失传，而在敦煌，胡旋舞却凝固在了石窟壁画之中，令人遐想无限。

在莫高窟第220窟北壁所描绘的盛大舞蹈场面中，还出现了大型的灯树，这一场景与长安等地上元日赏灯的情景十分相似。

唐朝诗人张说在《十五日夜御前口号踏歌词二首》中写道：

帝宫三五戏春台，行雨流风莫妒来。

西域灯轮千影合，东华金阙万重开。

诗中记载的是上元日长安城踏歌灯的盛大场景，其中的灯轮恰是两种：分别是西域式的“灯轮”和中土式的“金阙”。前者为圆形，后者为方形，正是第220窟壁画所反映的形象。

上元夜，长安城中灯楼齐明，来自异域、风情万

归义军曹氏画院著名画家董保德的故事

五代宋归义军时期，敦煌归义军政权明确设立了画院组织，以为自己在敦煌各大寺院和莫高窟建窟画佛，董保德就是这样一位供职于归义军画院的高级画师。他任归义军节度押衙一职，又兼任知画行都料。作为最高级别的都料级画匠，他通礼乐，精绘画。经常给归义军高官们作画，同时也给敦煌贵族士绅画像，经常受到赏赐。某一年，他和自己画院组织内的工人弟子们商量一致，曾于沙州子城内北街西横巷东口自己住宅地创造蓝若小寺院一所，又在莫高窟讲堂后建普净之塔。此外，还在三危山建法华塔一处。董保德的画风除有张僧繇画体外，又学习到了吴道子吴家样的风格，因此独步敦煌画坛，最擅长画人物写真像。他因为绘画而收入颇丰厚，衣食无忧。

敦煌艺术是一千多年来不计其数的历代画工画匠们汗水的结晶，不知道有多少人为此付出了一生的代价，但是他们作为

种的"胡旋女"舞动长裙，人们在歌舞升平、热闹非凡中享受无限的快乐。敦煌莫高窟第220窟的壁画，将李工记忆中长安的景象永远记录了下来。

有学者根据文献记载认为翟氏家族的220窟营建工作先后长达20年时间，虽然此观点有待进一步探讨，却可以从中看出洞窟营建工作的艰辛。

从翟家窟以后，敦煌的佛窟，多被冠以"家窟"名号，每一座"家窟"都有一段属于自己的历史。

它们是佛教社会化最具体、最深刻的历史见证。

洞窟主室西壁龛下的墨书"翟家窟"三个大字，强烈反映出洞窟营建的家族观念与思想，佛窟成为了家族财富的一部分，世代相传。

翟氏家窟也成就了那些无名的绘画工匠。

李工在这里画下了自己在长安磨炼多年的帝王形象。30年后，阎立本的《历代帝王图》问世，被世人尊为"神品"。而李工却湮没在历史当中，没有人知道他的名字。

在宗教信仰和艺术的双重感召下，李工和他的同伴们创造出了220窟的惊人作品，这是莫高窟艺术史上的一座里程碑。

当李工最后一次走进这座他为之奉献了大半生的洞窟时，他或许悲欣交集。

许多曾经的同伴随军参战，或伤或死。

他在洞窟壁画中表现了"九品往生"的情节，意在为亡者祈福，使他们往生净土。

虽然远隔千里，但敦煌与河西走廊始终跟中原王朝息息相关。

当"安史之乱"令唐帝国由盛转衰之后，敦煌也

社会的底层，很少有人能够留名于历史，均淹灭于历史的长河当中，像董保德这样可以被后人记载，留名于历史的人毕竟太少太少。

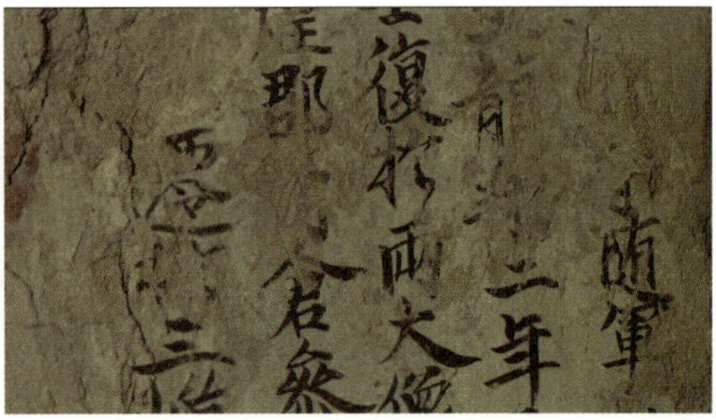

没能逃脱厄运。

青藏高原上的吐蕃崛起，攻陷河西走廊，对这里进行了长达70多年的统治。

公元848年，敦煌百姓起义，夺回河西走廊。

生活恢复平静以后，翟氏一族在220窟的故事又开始了新的篇章。

翟奉达，翟通的9世孙，唐末五代敦煌人，历法家。

公元925年时，翟奉达的父亲、兄长已亡故，特别是一个儿子和一个孙子也英年早逝。白发人送黑发人，翟奉达的心情十分沉重，他决定重修先代的洞窟为家族祈福。

此次重修时，翟奉达把自己和亲人们的画像画在了石壁上，并在甬道的另一面工整地写下了“检家谱”，它详细记载了家族经营家窟近300年的历史，成为了今天的人们理解敦煌石窟营建与日常管理的文献证据。

中国艺术在魏晋南北朝时，与来自印度和中亚地区的佛教文化交流融合，获得了一种蓬勃的生命力。到了隋唐时期，这种混血艺术逐渐完成了本土化的过程，从而酝酿出中国美术的黄金时期。

吴道子，正是这一时期最为传奇的画家，他所绘制的线条既柔软又强劲，为后世的画工创立了示范性的粉本，被称为“吴家样”。

传说中的画圣吴道子的画已经没有留存于世的了。

而今天，第220窟的壁画被公认为具有“吴带当风”、“满壁风动”的“吴家样”神韵，成为美术学院的学生们学习的范本。

唐朝是丝绸之路最繁盛的时期，同时也是敦煌营建的黄金时代。莫高窟有近一半的洞窟是在唐朝修建的，以220窟为代表的现存127个洞窟，集中反映了唐代文明的宏大辉煌。

从公元4世纪到14世纪的一千年间，历经十六国、北朝、隋、唐、五代、西夏、元等朝

3-2

代的兴建,在敦煌地区形成了莫高窟、西千佛洞石窟、东千佛洞石窟、榆林窟和五个庙石窟等石窟群,它们被统称为"敦煌石窟"。

据记载,敦煌石窟数量曾达千余个,现共存812个,单是莫高窟就有735个,其中,492个洞窟中留有壁画或塑像。共保存了壁画45000多平方米,历代彩塑3390身,以及唐、宋、清、民国等时期的木构建筑10余座。

莫高窟跨越了众多的王朝,最终形成集建筑、雕塑、壁画三位一体的艺术圣地与历史文化宝库。

1900年,在莫高窟居住的道士王圆箓无意间打开了封闭近一千年的藏经洞——莫高窟第17窟。窟内堆满了从公元4世纪到11世纪的历代文书和纸画、绢画、刺绣等古代文物5万多件。

1908年5月27日,伯希和离开了敦煌,6600余卷藏经洞文物和368张莫高窟照片被他一起带回了法国。

莫高窟——这座中国也是世界上现存规模最大、内容最丰富、延续时间最长的佛教艺术和历史文化宝库自此蜚声世界。

以敦煌地区保存、发现的丰富历史文献和艺术、文物为研究对象的敦煌学也因为这些经卷的发现和研究,开始逐渐成为一门国际性的显学。

而形成敦煌石窟群最重要的原因，是因为它在穿越河西走廊的丝绸之路上处于独特的枢纽地位——

它是西去的分叉点,也是东来的住泊地。

由此,造就了这里商贸往来的兴盛景象和东西方文化艺术的切磋交融,并最终成就了敦煌莫高窟对中华文化的贡献,以及在世界艺术宝库中的巅峰地位。

第七集
敦煌
河西走廊
HEXI CORRIDOR
CHINA'S WILD WEST

第七集　敦煌

叶 舟

我翻开名册　找见色目　突厥　吐谷浑
和匈奴诸人　我分发锅盔　告知纪律

城门开启　我替帝国守住贸易与秩序
典当行质押了一只狮子　听说来自埃及

玻璃是一种好东西　内外一致　却又
隔着一层太虚幻境　我急递长安　请皇上

签字收悉　偶尔　会邂逅喷火小丑
与杂耍艺人　娱乐大众　博人开心

我统统放行　春天时　弦子和霓裳
开始叩关　尘暴四起　天空失血

这时候必须筑坛作法　央求清明
六月里　西瓜从天边滚来　屁股后面

跟着葡萄　胡萝卜　黄瓜和大蒜

我另有一只琵琶　凤头之造型

点灯入夜时　它往往让帘子后面的
家伙　忆起故土与哀伤　欲罢不能

秋天是一只碗　酒水无情　我蘸下
一滴思念　抄录了李太白和《心经》

弧形的边疆　在辽远的地平线一带
有我治下的麦田　水渠　戍卒与人民

白雪之季　我在旷野上勘察足印
有一些归顺　另一些逆袭　而更多的

都是于罡风中喘息的生灵　恩威并施
我纵容过它们　走私入境　因为

每一件生命绝非易事　守着敦煌
守着这一座石窟　我和墙上的般般

诸神　一同老去　天空婆娑不已
我一生与自己面壁　日落月起

會盟

公元 1245 年

蒙古帝国的第二次西征所向披靡，抵达著名的底格里斯河上游。

罗马教皇英诺森四世派遣使节前往蒙古汗国的首都哈拉和林进行和谈，恳求蒙古军不要再继续进攻，并希望蒙古人皈依基督教。

这是一次无功而返的尝试，任何人都已无法阻挡蒙古大军的脚步。

但，与此同时，在广阔的青藏高原腹地，面对同样强大的蒙古人，一个年过六旬，名叫萨班的藏族老人带着他的两个侄子踏上了漫漫旅途。

他们希望促成吐蕃与蒙古的一次和谈，也希望自己笃信的佛教可以影响对方。

他们此行的目的地是河西走廊上的重镇——凉州。

在萨班这次出行的27年前。

公元1218年,雄心勃勃的成吉思汗开始了他征服世界的宏大计划。

在此后的7年中,他率领20万蒙古大军横扫欧亚大陆,从多瑙河畔的维也纳,到黄河边的汴梁,从北方寒冷的俄罗斯草原,到炎炎烈日下的阿拉伯半岛沙漠,大半个欧亚大陆都笼罩在蒙古帝国的权力和威势之下。

欧洲人惊恐地将成吉思汗形容为"上帝之鞭"。

班师回朝的第二年,公元1226年,成吉思汗向河西走廊发起了总攻。他计划通过这条走廊,先打下党项人建立了近两百年的西夏国,继而直捣中原。

历史的诡异之处在于,当西夏终于坚持不住而即将崩溃的时候,一代天骄却因坠马受伤不治而意外离世。

但是,西夏的命运并没有因此而改变,在蒙古大军攻占河西走廊之后,西夏失去了战略纵深,迅速灭亡。

公元1236年,蒙古汗位的继任者、成吉思汗的儿子窝阔台将甘肃、青海等西夏故地分封给了次子阔端。

由此，阔端成为河西走廊最高的军事统帅，并入主凉州。

这一年，他 29 岁，意气风发，踌躇满志。

尽管他还年轻，但已久经沙场，手握重权。

河西走廊上的凉州，也就是汉帝国设郡之时的武威，始终是丝绸之路上的一个军事重镇。

同时，凉州也是当时经济、政治、文化高度繁荣的地区，曾有梦幻凉州之称。数度改朝换代，这里都是兵家必争之地。

中原与西域的物资贸易、文化往来，更是要在这里交汇聚集，南来北往的各色人等或者扎根，或者住泊在这座城市里，久而久之，当他们离开的时候，便会打上鲜明的凉州特色。

公元 1234 年，蒙古和南宋联手灭掉了夹在它们中间的金国，形成了南宋、蒙古、大理国与吐蕃并存的局面。

此时，蒙古帝国的军事扩张并未因成吉思汗的去世而停止，相反，开始了更大范围的征战。凉州，便是他们的前进基地和跳板。

公元 1235 年，蒙古人的主力大军发起了第二次向欧洲的西征。与此同时，已经剿灭金国的蒙古人兵分三路，把目标对准了东方的最后也是最重要的一个敌人——南宋。

其中西面一路大军，就由阔端统领。

为形成对南宋的包围，阔端率先攻打四川，但是战无不胜的蒙古大军在蜀地遭遇了顽强抵抗。于是，阔端决定先灭掉西南的大理国，之后借道进攻陇、蜀。只是，如果这样，吐蕃就成为了挡在大理国之前的一块石头，阔端必须先解决横亘在蒙古大军面前的藏地吐蕃势力。

公元 877 年，由松赞干布建立，曾盛极一时的吐蕃王朝因内乱土崩瓦解。

此后，吐蕃进入了长达400年的分裂割据时期，各地由不同的宗教教派管理，主要有宁玛、噶当、噶举、萨迦等教派。

此时，蒙古人崛起了。

藏区的教派或多或少都和蒙古帝国保持着纳贡的关系。

但，成吉思汗死后，吐蕃地方不再向蒙古朝廷进贡，彼此之间的关系趋向紧张。

公元1239年，阔端派将领多尔达率一支蒙古骑兵作为先锋军进入西藏。

多尔达的蒙古骑兵从青海一直打到藏北。

然而，出人意料的是，这支军队此后在拉萨驻留近两年的时间里，却再也没有任何军事行动。

多尔达开始与当地政教首领频繁的接触，并对吐蕃的宗教和政治进行了深入的了解。

自吐蕃王朝解体后，青藏高原重新陷入分裂割据。

但一个以佛教传播、发展为标志的吐蕃文化的一体化进程，却悄然而至。

吐蕃社会发生了深刻转型。

佛教成为社会的基本凝聚力量，寺庙与教派是基本的社会组织，政教合一的政体已经形成。

公元1241年，蒙古帝国的大汗窝阔台突然病逝，进攻南宋的战事停止，阔端被迫从四川撤回到了河西走廊。

多尔达也同样率军撤离藏区。

经过这几年，多尔达已经深刻地认识到，吐蕃的各派虽然都信奉佛教，但互不统属，况且，青藏高原

时代背景

从文化地理区位来看，河西走廊东起乌鞘岭，西至古玉门关，南北介于南山（祁连山和阿尔金山）和北山（马鬃山、合黎山和龙首山）间，长约1000公里。这里自然条件较好，光热充足，有石羊河、黑河、疏勒河三大水系灌溉走廊，使这里水资源丰富，在茫茫大漠形成了许多绿洲，为河西走廊的经济发展提供了必要的物质基础。如永昌、武威、古浪等县处于石羊河流域，这里地势平坦，水文条件优越，农田集中成片，是石羊河流域的粮食主产区，素有“银武威”之美誉，而黑水河流域的张掖盆地，更是一片广袤的冲积平原，在戈壁深处出现大片湿地奇景，也正因为充足的水资源，使张掖绿洲农牧业资源潜力巨大，历来成为河西地区的政治、经济中心，历史上称之为“金张掖”。河西走廊最西段的敦煌、冥安、效谷、渊泉、广至、龙勒等六市县均设置在党河与疏勒河冲积扇边缘的洼地，党河与疏勒河水源成为历

海拔很高，气候恶劣，即使单凭武力征服之后也很难驻军戍卫。于是，他给阔端写了一封信，在信中，他详细汇报了吐蕃的政教情况，并根据自己的了解，建议阔端放弃武力，改用和谈。

开明的阔端看到这封信后，迅速意识到这是一个可行的方案。

他决定，就在自己的封地凉州与吐蕃会谈。

而对于和谈对象，多尔达在信中也给出了这样的建议，他提出了几个来自吐蕃噶当派、达隆派、止贡派和萨迦派的人选，其中萨迦派的萨迦班智达“学富五明，最有学问”。

萨迦班智达的名字第一次进入了阔端的视线。

萨班，萨迦派的第四祖，出家前名叫贝丹顿珠。

公元1206年，25岁的他拜印度高僧为师，削发出家。

随后，他拜多位印度和吐蕃的大学者为师，努力钻研诗学、韵律、医学和历法，被尊称为“萨迦班智达”，简称“萨班”，意思是“大学者”。

史上很多地方政权的经济发展支柱，有名的归义军政权就是依靠这样的河谷绿洲，在周边少数民族势力包围下，坚持了百年之久。也正是由于丰富的自然资源，尤其是水资源，使河西走廊在广袤的戈壁中成为农牧业发展的最佳地区，来自中原的农业文明与来自于南北草原上的游牧文明无不对河西走廊垂涎。而河西走廊南北宽仅5-50公里不等，游牧民族的铁蹄很快就能南北穿越，一旦处于蒙古高原和青藏高原的游牧民族占领河西连成一片，会对中原农业文明形成巨大威胁，因此汉武帝在打击北方匈奴时，特意在河西设置四郡，目的就是阻隔南北游牧区。但是当中原王朝衰落时，河西走廊往往都被游牧民族占领，在这里发展畜牧，如汉代的匈奴，唐代的吐蕃，宋代的党项、羌等。所以河西走廊是中国古代蒙古文化圈、青藏文化圈的交汇地带。当然河西走廊也是中原文化、西域文化有效辐射区域，自张骞出西域以降，河西成为东西文化交流的重要孔道，自汉至元，来往于这里的中原与各国人民不绝于道，如果我们现在能穿越到他是藏传佛教历史上获此殊荣的第一人。

萨班个性鲜明、非常自信。他讲述词文，无人匹敌。

挑战者纷至沓来，其中一位名叫措杰噶瓦的学者前来与萨班辩论。

双方约定，辩论中输掉的一方要皈依对方教派。结果萨班不孚重望，赢得了辩论。措杰噶瓦皈依佛法，成为了萨迦班智达的弟子。

由于内明外明遍知，智慧无与伦比，萨班受到藏地各派的尊重。

但蒙古人最初并没有选择萨班。当时，藏区最有声望的宗教领袖是另一位执掌两大教派的止贡寺京俄仁波且。

但京俄仁波且当时已经65岁，他不愿或者不敢去凉州，转而向蒙古人推荐了萨班。

阔端经过权衡，决定邀请萨班前来凉州会谈。

1243年，阔端以汗国名义颁发诏书，派助手多达那布将军为金字使者，携带自己的亲笔书信，前往后藏地区的萨迦寺，当面邀请萨班前往凉州会谈。

在信中，阔端写道：

“望不辞道路艰难前来此处，若是你以年迈为借口不来，那么以前释迦牟尼为利益众生做出的施舍牺牲又有多少？你难道不惧怕我依边地的法规派遣大军前来追究？”

这是一封看似彬彬有礼而实际上是带有最后通牒性质的邀请书。

从当时藏地各派的情况来看，萨迦派虽然势力不如其他教派，可它是最早实行政教合一的地方势

古代，会在河西走廊看到各种肤色的人们，会听到有着异域风情的歌声，更会品尝到来自东西方的各式美食。如今我们在河西地区的考古发掘中，能发现很多来自其他民族或国家的物品，如在莫高窟发现的波斯钱币和很多藏文经卷、回鹘文经卷等，莫高窟的壁画上更是绘制着各国使者与商队，而壁画的风格也来自西域或中原，莫高窟早期洞窟和佛像塑造很多就采用了印度或阿富汗地区的样式。

由走廊西出与东进即进入西域文化与中原文化之区域，王维有诗云：“劝君更尽一杯酒，西出阳关无故人。”虽然说当时的大唐疆域并不仅仅限于阳关以东，但是诗人字里行间都表现出，阳关以西之地，已不再是汉家文化的区域，而是有着西域特色的文明。南下北上分别穿越祁连山和走廊北山山地，即步入青藏文化圈和蒙古文化圈腹地。历史上活跃于河西走廊的民族，汉代以前是月氏、乌孙、匈奴，后来匈奴强大起来，赶走了月氏人和乌孙人。

曹魏十六国时期，据河西魏

力，而其他教派更注重佛法的传承，并不看中现实的政治管理。

历史很快就将证明，阔端选择萨迦派的萨班进行会谈，是一个无比正确的决定。

面对军事力量强大的蒙古帝国，吐蕃各部自知无力抵抗。

为了避免军事冲突带来的危害和藏区更长远的发展，深明大义的萨班决定接受阔端的邀请，远赴凉州。

这一年，萨班已经63岁了。

萨班将后藏萨迦派政教事务逐一托付，还带上了传人，他的两个侄子——

10岁的八思巴和6岁的恰纳多吉。

此时的萨班或许还未曾预料到，他的凉州之行将会给吐蕃带来怎样的变化。而他的侄子八思巴也将从此启程，步入一代帝师的传奇命运。

1244年春夏之交，萨班一行从萨迦出发经拉萨前往河西走廊。

前路吉凶难料。

晋墓出土画像砖反映，这里活动着鲜卑人、氐人、羌人、卢水胡人、龟兹人、西域胡人、中亚粟特人等众多的民族，共同构成河西多民族杂居的史实。

到了隋唐、五代、宋时期，吐蕃人、吐谷浑人、仲云人、温末人、蔡徽人、于阗人、吐火罗人、粟特人、回鹘人、突厥人等都曾生产生活在河西这块独特的土地上，为河西多姿多彩的历史文化不断注入新鲜的血液。

河西重镇凉州一度有胡人达七成以上，文献记载凉州大小十城，胡居七城，汉人仅占三成不到，可见少数民族在河西的数量之多，以至到了五代宋曹氏归义军时期，敦煌当地的统治者曹氏家族即是中亚粟特移民的后裔，但是曹氏完全汉化，自称族望为亳州的谯郡曹氏，虽然实际上完全独立于瓜沙二州之境，但形式上曹氏积极地奉中原王朝为正朔，是河西各民族长期汉化的结果，也表明了河西历史上以汉文化和汉民族为主体下的多民族共存的特征。

一部河西走廊的发展史，就是一部各民族文化相互交流的历史，河西走廊成为中国古代各民族交流的舞台，是华夏历史民族融合的前沿，更是中华民族形成的熔炉，如今肃南的裕固人，肃北的蒙古人，阿克赛的哈萨克人，新近迁居玉门、瓜州的东乡人和藏族人，都为河西走廊引进了宝贵的人文资源。

萨班沿途走访西藏高僧大德和政教领袖，积极主动地与各政治宗教派别相互交流，了解他们的立场观点，收集整理向蒙古汗国谈判的种种条件与意见。

有些激进强硬的极端教派想阻止萨班前往凉州。为了说服他们，萨班在路上耽搁了很多时间。

萨班一行跋山涉水，从西藏到青海，穿过大草原，整整走了两年才于 1246 年 8 月翻越海拔三千多米的乌鞘岭，进入河西走廊，来到了凉州。

萨班抵达时，凉州归于蒙古汗国统治已二十余年。

历经了战乱动荡之后的河西走廊也正在渐渐恢复往昔的繁华景象，佛教的气息和僧侣的身影随处可见。

毕竟这里曾是佛教进入中原的唯一通道，无数的高僧大德都曾在这里驻足。曾经是河西地区藏传佛教中心的凉州，让萨班感到了一种精神上的亲近感。

但是，他并没有立刻见到阔端。

此时的阔端正在蒙古漠北和林参加他的哥哥贵由的大汗登基仪式。

在萨班到凉州以前，吐蕃各教派的领袖们对世界的认识还停留在吐蕃王朝与大唐王朝的时代。深入蒙古内部的萨班成为藏人里比较全面了解蒙古的先驱者。

他更加知晓了蒙古崛起后的天下大势，同时也开始思考如何在会谈中为吐蕃争取到更多的利益。

公元 1247 年 1 月，阔端从漠北和林回到凉州。

毫无疑问，他对于和萨班的见面充满期待。虽然自己对于佛教并不太了解，但是为了准备这次会谈，他很早就请了几位藏族僧人跟随在自己身边，从他们那里了解到了一些藏族习俗，还有藏传佛教。

第一眼看到萨班，身为王者的阔端还是被震撼了。眼前这位带着两个幼童的老者，睿智而淡定，不卑不亢却充满诚意。

阔端说："你带着如此年幼的八思巴兄弟与侍从前来，是眷顾于我。此情吾岂能不知！"

他还开玩笑地问八思巴：

"你害怕吗？"

少年八思巴看着阔端回答道：

"不怕。你的样子很凶猛，有点像我们庙里的护法神。不过护法神总是护佑受苦受难的生灵。"

这番话，给阔端留下了极其深刻的印象。

他认为八思巴是有悟性的，这样聪慧的孩子并不多见。

据说，阔端还嘱咐八思巴好好学经，将来可以当蒙古皇室的上师。

阔端和萨班的交流很深入。这样的交流为即将开始的会谈打下了情感基础，同时阔端也越来越多的领悟到了佛法的智慧。

公元 1247 年 8 月。

凉州城外的幻化寺戒备森严。

远处是巍峨的祁连山脉，延绵的雪线闪烁着神秘的光芒。

一次关乎吐蕃归顺蒙古的重要会谈在河西走廊上举行了。

阔端与萨班就归顺的条件进行了深入的讨论。

遗憾的是，会谈的具体细节没有留下任何文献记载。

但就综合散落在各种史料中的事实来看，在吐蕃归顺蒙古帝国后由谁来直接管理，以及上交税赋多少的问题上萨班与阔端有过激烈的争论。

经过反复细致地磋商，双方议妥了包括呈献图册、交纳贡物、接受派官设治等方面的条件。

其中的主要内容是：

一、归附者官任原职；

二、缮写各地官员姓名、百姓数目、贡品数额等各三份，一送阔端，一送萨迦，一由各长官收执；

三、绘制一份归附者与未归者之地图；

四、一切都须与萨迦金字使者商议而行。

发生在公元1247年河西走廊上的这次会谈总体过程很顺利。

阔端表示愿意皈依佛教，而吐蕃地区则归于蒙古政权统治。

与此同时，阔端授权萨迦派管理吐蕃政教事务。

凉州会谈结束后，萨班随即向藏区吐蕃各派发布了著名的《萨迦班智达致蕃人书》。

萨班在这封《致蕃人书》的长信中说：

阔端励精图治，愿有益于天下各部族人民，用意甚善；蒙古军队众多而战术精良，西夏等部顽固抵抗先后覆亡，而和平归顺蒙古的维吾尔人却得到了诸多利益。

奉劝吐蕃各派首领，必须顺应时代的潮流，接受蒙古汗王的条件，遵从汗王的命令与蒙古法度，此乃大势所趋。

萨班在信中列举归附的条件及一系列实际情况，讲清蒙古王室尊重吐蕃宗教信仰，对萨班和八思巴兄弟特别关切，创造弘扬佛法的条件，安排宣讲佛法的场所，归顺之后可让本地人担任官职，群众可安居乐业。

萨班在信中还告知他们，吐蕃已成为蒙古属地，阔端大王已委托萨班和使者官员对吐蕃进行共同治理。

由此，凉州会谈揭开了西藏历史发展新的一页。

这场发生在七百多年前河西走廊上的会盟，在中国波澜起伏的大历史上有着极其特殊的意义。

这次关乎和平的会盟让青藏高原上的各族人民免遭战火杀戮，而且还结束了藏地四百余年的分裂局面。

萨班与阔端也为此后青藏高原纳入元朝的版图奠定了坚实基础。

而对蒙古人来说，萨班的凉州之行还具有另外一个重大的意义。

萨班希望，他能把藏传佛教传播到更广泛的地区，这也是他的使命。

于是在会谈后，他决定留在河西走廊。

得知此事的阔端非常高兴。

他请萨班住在幻化寺，并不惜财力扩建寺院。

幻化寺也就成为了萨班在凉州居住、修行、讲经之所。

因为有了萨班的驻留，这里的香火日渐鼎盛，曾有上千名僧人在这里研习佛法。

蒙古人的原始信仰是萨满教。成吉思汗在远征各地的过程中接受了各种宗教作为

信仰。道教、基督教与伊斯兰教都曾被接纳，但萨满教一直居于众多宗教的首位。

有的研究者认为这是出于成吉思汗对各种宗教的包容。

事实上，当时这些宗教只是被蒙古人用来为战争占卜与祈福。他们从不遵守教规的要求。

当藏传佛教出现后，蒙古人开始认真思考他们的信仰。

萨班在《萨迦班智达致蕃人书》中反复谈到阔端尊崇佛法，对他十分关心和照顾。

而阔端视萨班为自己的宗教导师，更开了蒙古王室尊封佛教高僧为“上师”的先河，

这也为蒙古社会输入藏传佛教打开了合法而方便的大门。

因此，萨班的凉州之行，不仅举行了成功的会谈，更带来了一个巨大的契机，让佛教文化开始深刻影响蒙古人的精神世界。

正如萨班在《致蕃人书》中所说：

“余为弘扬佛教，体念众生，更顾念操蕃语之众，来霍尔地方。”

河西走廊，成为了蒙藏两族文化交融的重要交点。

此时，被萨班从西藏带来的两个侄子正在渐渐长大。

关于萨班为何要带着他的两个侄子来到凉州，历史上有两种解释：

一种是人质说，因为成吉思汗及其后继者在进攻一个新国家之前习惯于先把其首脑召来投降，然后就是索取质子、征收贡赋，并任命蒙古官吏统治当地；

另一种是继承说，萨班动身来凉州的时候知道自己年事已高，生怕再也回不到吐蕃。出于政治上的考虑，希望自己死后将萨迦派的权力移交给自己家族的人，并能够依仗蒙古汗国的扶植让萨迦派统一藏地全境。

无论哪种说法更接近真相，都不影响八思巴和他的弟弟在河西走廊的成长岁月。

有关八思巴在河西走廊的历史记载并不多，他主要是跟随叔父萨班学习佛法，掌握担当萨迦派教主所需要的必备知识。

他最早的一篇文章就是16岁时写于凉州的《怙主赞颂》。

河西走廊上的凉州地处中原汉地、蒙古草原及青藏高原的连接点上，这里汇集了汉人、蒙古人、藏人、西夏遗民、回纥人以及维吾尔人等多种民族的文化，这为八思巴打开了眼界。在与他们的接触中，八思巴很快成长起来并积累了很多的政治经验。

他与阔端的儿子以及蒙古贵族子弟们的交往比较频繁，学识深受推崇，这为日后八思巴走入蒙古政坛奠定了基础。

萨班圆寂前将萨迦派教主之位传给了八思巴。

这一年，八思巴17岁。

他开始担任萨迦寺住持和萨迦派教主职位，成为萨迦派第五祖。

他将和他的叔叔一样，成为深刻影响中国历史进程的人。

凉州会谈的5年之后。

公元1251年，萨班在凉州圆寂。

时年70岁。

白塔寺

在如今的甘肃武威南20公里处，有一座佛教寺院，内有高高的白塔巍然耸立。这就是“白塔寺”。白塔寺，藏语称为夏珠巴蒂寺，意为东幻化寺。相传寺内大塔一座，周围环绕小塔99座，故名白塔寺。白塔寺规模虽然不及西藏等地的塔寺那样显赫恢宏，但纪录了一段辉煌的历史。凉州会盟后，萨班在这里居住五年，“讲授了许多甚深妙法”，萨班护持法座35年，于70岁，公元1251年十一月十四日在这里圆寂；萨班在白塔寺内圆寂后，阔端为他修建了高约42.7米的灵骨塔，作为纪念。现在当我们走到白塔寺路口，只见在开阔的地带，一个巨大的牌坊矗立在大道中央，上面用金色书写的“凉州白塔寺”几个大字，在强烈日光的照射下，闪烁着耀眼的光芒。穿过门牌建筑，沿笔直宽敞的大道步入白塔寺，只见院内苍青掩映，白塔林立，场面极为壮观。整个白塔寺遗址由寺院、塔院、塔林等建筑构成。寺院有围墙，东西420米，南北430米，院

阔端为他举行了盛大的悼祭活动，并在幻化寺边按照藏式佛塔的形式为他建造了灵骨塔一座，后人称它为白塔。

此后，幻化寺便改名为白塔寺，并成为元代凉州最大的藏传佛教寺院。

今天，藏式白塔已经遍布全国，形成一道独特的宗教文化景观。

对于十三世纪生活在高原深处的萨班来说，能如此高瞻远瞩，除得力于渊博的宗教知识外，还与他早年到尼泊尔的游历有关，对世界格局与政治的洞察力都让他的凉州之行功德圆满。

这是生活在河西走廊与青藏高原上的人们的福祉。

而就在萨班圆寂的当年，已经皈依藏传佛教的阔端也突然离世。

萨班与阔端在同一年相继离世，这让人感到似乎存在着某种宿命。

尽管阔端一生都没有迈入西藏，但，越过崇山峻岭，他一定牵挂那遥远的高原。

这里是河西走廊的张掖肃南皇城滩草原，也是埋葬阔端的地方。数百年过去，唯有蔓蔓青草与声声

内探明的殿基全部是用砖和石砌的，说明当时寺院规模的宏大。塔林是白塔寺最为壮观的景点，白色的塔在翠柏的衬托下，直刺蓝天，显得气势恢宏。大小不等白塔，紧紧围绕着灵骨塔，以十字折角形分布，高低错落，排列有序，在院内形成一道独特的宗教文化景观，使白塔寺显得肃穆庄重，令人肃然起敬。灵骨塔是座土心砖表结构的土塔，矗立在方形的砖台上面，这里是白塔寺的旧建筑遗址，塔内存有萨班的灵骨。这座灵骨塔，建于元代，后毁于战乱、地震等，明清时重修，现在残高仅 5.1 米左右。游客到此，视塔静思，焚香祷告，以此来纪念这位萨班大师。白塔寺的南面丛林密布，郁郁葱葱，环境十分幽静，给白塔寺增添了一份宁静的气氛。在灵骨塔的侧面，立有一石碑，上面记载了凉州会谈的有关情况，以及重修这座白塔寺的历史意义等，文字简练，雕刻苍劲有力，让人看后久久难以忘怀。

牧歌在时光的轮回中经久不息。

西凉王阔端最终与河西大地融为一体。

公元 1251 年 7 月，蒙哥登上蒙古王位，结束了自公元 1241 年窝阔台汗死后 10 年间蒙古内部“法度不一，内外离心”的混乱局面，重新开始对外征战。

吐蕃问题的解决为蒙古征服大理进而迂回夹击南宋扫除了障碍。

公元 1252 年，蒙哥命令他的弟弟忽必烈率领 16 万人的远征军，50 万匹战马，在宁夏六盘山集结。

随着接连不断的军事扩张，蒙古政权面临更深层次的挑战——

疆土越来越大，部族越来越多，他们需要新的精神资源，甚至执政合理性的依据。

此时，忽必烈把目光投向了藏传佛教。

在六盘山下，忽必烈特地请远在凉州的萨班继承人八思巴前来会面。

八思巴的学识让忽必烈赞叹不已。

他还为忽必烈举行了灌顶仪式。

这次会见后，八思巴回到了河西走廊。

但此次一见如故的两个人所结下的情谊，对八思巴随后的人生带来了重要影响。

八思巴最终选择投奔忽必烈。

他 11 岁时来到蒙古属地凉州，在蒙古王室里成长，不仅学习和掌握了蒙古语言，而且也了解蒙古王室内部各派政治势力之间的争斗。

公元 1256 年，八思巴离开了凉州，跟随远征大理返回的忽必烈，到了他在草原上新建的开平府。以后的岁月里，无论蒙古王室内部经历了怎样错综复杂的政权斗争，八思巴始终一心一意跟随着忽必烈，成为其精神上的导师和亲密的伙伴。

公元 1265 年，已经成为蒙古大汗的忽必烈派遣八思巴与弟弟回到阔别 21 年的故乡——萨迦，协助蒙古管理吐蕃。

八思巴遵忽必烈所嘱，在藏区清查户口，制定法律，于公元 1268 年在萨迦正式建立起与中国其他行省相同结构的地方政权。

公元 1270 年，36 岁的八思巴被忽必烈封为帝师，除掌管全国的宗教事务外，还是隶属于元朝中央政府的吐蕃地区最高行政长官。

八思巴迎来了他人生的辉煌顶点，跻身中华民族史上伟大藏族政治家的行列，并成

为无可争议的藏传佛教一代宗师。

一年后，获得王位的忽必烈改“大蒙古”国号为“元”。

公元1276年，元帝国攻陷南宋，中国再次迎来了统一。

青藏高原正式纳入中国版图。

四年后，公元1280年，46岁的八思巴在西藏的萨迦寺忽然圆寂。

但，八思巴的影响力却在持续发酵。

藏传佛教在八思巴与忽必烈的强力推动下逐渐替代了萨满教，成为蒙古人文化生活的主流，并且对蒙古文字创造、哲学、宗教、医学、艺术产生了深远影响。

这种影响一直持续到清帝国末端，并延续到今天。

而追溯源头，这种影响是从河西走廊开始的。

那个地方，就是凉州。

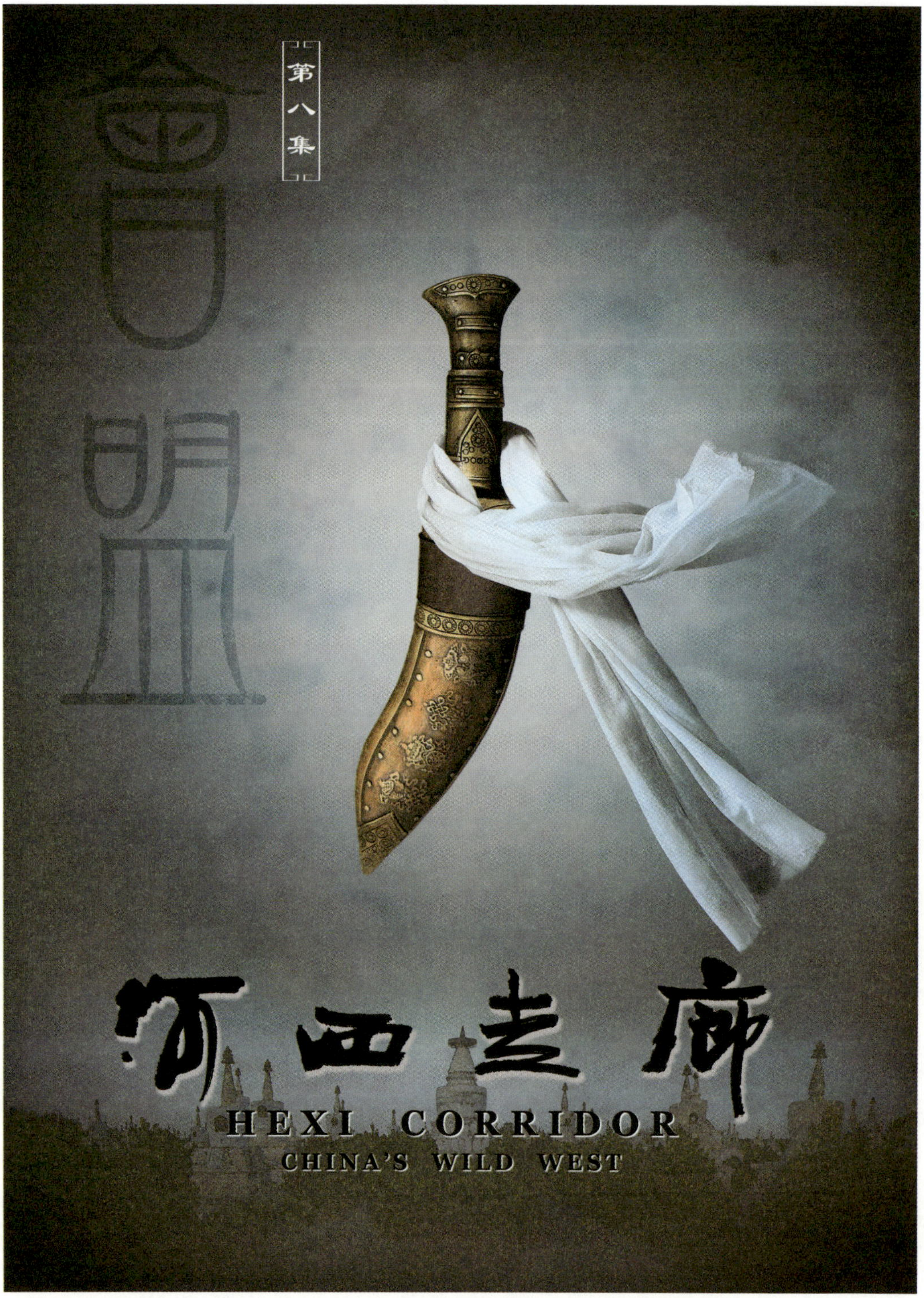
第八集
會盟
河西走廊
HEXI CORRIDOR
CHINA'S WILD WEST

第八集　会盟

叶 舟

用一支笛子　把凉州吹凉

再用一阕短词　合辙　押韵

把篝火点亮　在巨鹰离开的地方

祁连山下　喊一介老僧开门

说不定　对面走来了隋朝的杨广

月亮在凉州　等于秋天礼贤下士

把粮仓　诗篇　祖籍　安顿在了

悄然的故乡　谁带着胞衣

谁花叶缤纷　提灯走过了两岸

像一句深刻的诵念　传音入密

其实　凉下去的是酥油　滚烫的

却是马蹄　在经年的征伐中

一个婴儿哭声嘹亮　乳名和平

那一刻凉州城内　万户和美　而天空

之上　水草繁密　恰有鸽子翩然降临

| 蒼生 |

公元 1605 年 10 月 26 日

一支商队迎着刺眼的午后阳光行进在河西走廊上。

这已经是明王朝统治中国的第 238 年了。

在这个商队中，有一个亚美尼亚打扮的商人。

汗水从他的假胡须下面不断渗出，而藏在怀里的《圣经》硬硬地硌着他的胸口。

商队的同伴们对这位沉默寡言，自称叫阿卜杜拉·伊赛的亚美尼亚商人并不是很了解。

从印度出发，他们在这条因丝绸而闻名的古老商路上已经走了整整 3 年。

尽管 10 月底的河西走廊已经泛起阵阵寒意，但此时此刻，所有人都感到十分兴奋。

因为，他们已经可以望见远处祁连山下的那座宏伟关城了。

同时，他们也感到一丝忧虑，此时的河西走廊已经没有了以往的通行便利，

这座关城就是他们进入中原内地最难逾越的关口

——嘉峪关。

早在阿卜杜拉·伊赛所在商队抵达嘉峪关的9年前。

公元1596年10月，耶稣会罗马总会会长收到一封来自中国的信件。

写信的人是意大利传教士利玛窦。

他在信中写道：

根据我的观察和推测，中国很可能就是《马可·波罗游记》中所说的神秘美丽的王国“契丹”。

马可·波罗，有可能是最早一批来到中国的欧洲人。由他口述的《马可·波罗游记》曾经提到在遥远的东方有一个名叫“契丹”的王国。

长期以来，大多数欧洲人认为，“中国”和“契丹”是两个不同的东方国家。

利玛窦从中国首都发回的信函激起了罗马教廷和葡萄牙国王强烈的好奇心，他们决定派出一个可靠的人前往东方探明真相。

于是，精明干练的鄂本笃被教廷选中去完成这次不平凡的远行。

鄂本笃，葡萄牙人，耶稣会修士。年轻时，在印度当过水兵。他天资聪慧，精通印度语、波斯语，熟悉中亚的历史、地理以及风土人情。

为了保密,鄂本笃乔装成亚美尼亚商人,化名阿卜杜拉·伊赛。

除了要去论证“契丹”与“中国”是否是同一个国家之外,鄂本笃还有一个重要的使命,那就是,探寻一条由陆路前往中国传教的便捷通道。

13 世纪初叶,蒙古人的三次西征曾经一度打开并扩大了中国和欧洲交往的陆上交通。

但明王朝建立后,出于对蒙元残余势力的顾忌,逐渐在中国的西北方向进行收缩,严密布防。

与此同时,由于中亚地区的众多国家各自为政,战乱频频,而强大的奥斯曼帝国又阻隔了欧洲到亚洲的通路,西方世界向东方国度的探索几乎中断。

渐渐地,一个海洋的世纪正在来临。

15 世纪初,明王朝杰出的航海家郑和七下西洋令人瞩目。

90 年后,葡萄牙人达伽马打开了欧洲通往印度洋的海路,开辟了连接东西方的新航路,使海路逐渐成为彼此交往的主要通道。

传奇的耶稣会教士利玛窦就是通过海路到达中国的。

而鄂本笃肩负的使命,则是重新探索一条从陆路前往中国的道路。

公元 1602 年 10 月,鄂本笃由印度出发,加入商队,踏上了寻访神秘国度的旅程。他所在的商队共有 500 人。大多数仆人因为畏惧前途险恶离他而去,只有一名叫做依撒克的亚美尼亚仆人始终跟随着他。

这个商队经过今天的巴基斯坦、阿富汗，翻越帕米尔高原一路东行。

途中，他们遇到过艰险的道路，恶劣的气候，以及肆虐的盗匪，鄂本笃好几次死里逃生，终于进入了河西走廊。

鄂本笃险象环生的陆上之行，留给我们的正是当时陆上丝路状况的生动写照。商人们想要穿越丝路进行贸易活动，异常的艰难，甚至可能搭上性命。

公元 1604 年 11 月，离开印度两年后，鄂本笃到达了塔里木盆地内一个叫察理斯城的地方。

在这里，他遇到了一些穆斯林商人。

商人们告诉鄂本笃一个惊人的消息，他们曾经到达过所谓"契丹"的首都，而那里正是中国明王朝的都城——北京。

鄂本笃兴奋异常，这些穆斯林商人的经历，令他首次得知，中国也许真的就是他要寻找的"契丹"。

商人们还说，在他们落脚的地方，还住着一些耶稣

时代背景

张骞通西域达大宛丝绸之路两千余载世世代代传佳话；

冯胜巡河西建雄关长城尽头六百年来风风雨雨经沧桑。

这副楹联是歌颂中国明长城西北第一关之称的嘉峪关的。在河西走廊的最西端，嘉峪关市区西南 6 公里处最狭窄的山谷中部有一处雄伟壮阔的关隘，这就是是明长城西端的第一重关——嘉峪关。关城两翼的城墙横穿沙漠戈壁，北连黑山悬壁长城，南接天下第一墩之称的讨赖河墩，在茫茫戈壁滩中，只有九眼泉这儿水草丰美，于是嘉峪关就选址在了这里。《肃州新志》对嘉峪关的地理位置这样描述："由远而论，东以关辅为内庭，西以伊循为外屏，南以青海为亭障，北以大漠为斥堠，襟山带河，足限戎马，所谓西陲锁钥也。由近而论，面瞰雪岭，背倚长城。临水渟潆于左，嘉峪峙于右。内有讨赖、红水之潆洄，外有黑河、白湖之环绕。群峰拱卫，虎踞豹隐。虽兼沙卤，居杂戎番，而泉香、土沃、草茂、牧肥，具此形胜，足矣有为矣。"如此形胜之地，嘉峪关

会的神父,其中有一位很可能就是他要找的利玛窦。

得悉耶稣会同事的行踪,这让鄂本笃十分惊喜,他决定加快行程。

公元 1605 年 3 月,鄂本笃再次上路。

在穿越了塔克拉玛干沙漠以及无数已成废墟的古代城堡之后, 鄂本笃终于到达了那座早就听说的雄关脚下。

四百年后的今天,在河西走廊的最西端,出现了一座以嘉峪关命名并兴建的城市。

古老的嘉峪关城楼依然静静地屹立在城市的西南方向。

主体城楼耸立中央,瓮城、罗城、戍楼、敌楼和其他附属建筑设计精妙,错落有致,在祁连山脉与开阔的戈壁滩烘托下,摄人心魄。

关城有三重城郭,多道防线,城内有城,城外有壕,形成重城并守之势。

永乐年间,明帝国迁都北京,整个北方边疆始终面临巨大的边防压力。而此时的西域境内,同样是蒙古部落林立。

早在朱元璋时期, 大将军冯胜在征战河西的过程中就已意识到, 在河西走廊西端建一座大型防御城堡十分必要。

几经选址, 地点确定在了历史上汉帝国最早设置玉门关的地方——石关峡。

在奏请朝廷批准后,这座大型军事要塞在 1372 年的春天正式动工。

据说,修筑城墙用的黄土,都是经过严格认真的筛选和制作。

选址不在此更在何?

明一代,边疆面临最大的问题就是北方草原和西域、青海蒙古诸部的不断侵扰,为此不得不连续修建横贯辽东、北京、晋北、陕北、宁夏和甘肃的边墙(后世称为明长城)。嘉峪关就是明长城的西端,其西的敦煌、哈密为羁縻七卫,这也几乎奠定了中原王朝对汉族中国的西部极限的认识。雄关无言,时间在这里仿佛成了静止,自建关以来六百多年风雨转瞬而逝。今天的嘉峪关、明长城已经成为游人如织的景点,早已丧失了最初军事防御的功能,但回望历史烟云,它们也曾经历无数的荣耀与悲歌。

六百年风雨侵袭、战火洗礼,嘉峪关依旧矗立,足以表明其建筑质量之高。当地百姓流传着建关的传说:城楼是从上往下建造的。即先在关城上堆起高约 20 米的大土堆,在堆顶先建顶层后,后铲除堆土立三楼的顶梁柱子。后铲除下层的土,依次类推,直到竣工。很明显,这种建筑方法匪夷所思,不足可信,但也蕴含了对古代劳动人民建筑智慧的歌颂。

一砖定城

相传明正德年间，有一位名叫易开占的工匠，精通九九算法。只要经他计算过的工程，用工用料十分准确。易开占负责嘉峪关的工程预算时，监修官要他计算嘉峪关用砖数量，易开占经过详细计算后说需要某某块。监修官依言发砖，双方商量好：如果数目不对，哪怕多一块或少一块，都要砍掉易开占的头，并罚众工匠劳役三年。工程竣工后，发现还剩下一块砖。监修官大喜，正想借此克扣易开占和众工匠的工钱，易开占却不慌不忙地说那块砖是神仙所放，是定城砖，不能动。一动城楼便会塌掉。监修官听过也不敢再追究。直到今天这块砖仍保留在嘉峪关城楼之上，已成嘉峪关一景了。

在夯筑墙身时,还要在黄土中掺入棉麻和灰浆等混拌,以增强黏结强度。

所以,尽管嘉峪关是夯土城台,却能承受砖砌城楼的沉重压力,历经数百年而不变形。

1539 年,经过了 168 年的时间,嘉峪关城及其两翼长城和沿线的烽燧墩堡全部修建完成。

它南起祁连山支脉的文殊山,北衔黑山峭壁,中间连结着嘉峪关,形成了一道 15 公里的明墙暗壁。

这道完整严密的军事防御体系,日后被誉为"天下第一雄关"。

明王朝后期,中国西北一线的军事策略是:以边墙连缀起九边的城堡、墩台、隘口,用这种立体连绵的紧密防守来限制蒙古人的南下。

这,就是起伏绵延了 6000 公里的人类建筑奇迹——

明长城。

自中国最东端的山海关,到河西走廊最西端,明长城最终在嘉峪关画上了句号。

毫无疑问,这座宏大复杂、一丝不苟的军事堡垒,成为中原王朝强烈收缩内敛的象征。

这是一幅曾经收藏在明王朝宫廷的地图——《丝绸之路大地图》。

《丝绸之路大地图》这幅地图的绘制完成于嘉峪关逐渐修筑落成的时期,上面写有 211 个明代地名。

地图描绘了从河西走廊的嘉峪关到天方——也就是今天沙特阿拉伯麦加的路线，涉及欧、亚、非三大洲的十多个国家和地区，堪称“中世纪的世界地图”。

在地图上，我们可以清楚地看到嘉峪关的城楼建筑，它已经是明王朝最西端的一个关隘。

这幅地图全面反映了明初与西方的陆路交通状况。

虽然当时明王朝在中国西北已经处于收缩防守的态势，但明王朝对西方世界的向往与认知依然超出了我们的想象。

为了防御外患，明政府在嘉峪关外先后建立了7个卫所，它们共同构成了明王朝西部边陲最重要的一个军事防卫管理体系。

这7个卫所护卫着从嘉峪关到哈密卫的1500余里丝绸之路的安全与畅通。

从哈密卫到嘉峪关一线，是来自中亚与西域贡使前往中国唯一的法定路线，嘉峪关是他们进入中原内地的唯一关口。

鄂本笃一行，从哈密卫到达嘉峪关，他们要在嘉峪关接受甘肃镇守臣的审验后才能合法地进入中原地区。

仰望着巍峨高耸的嘉峪关城楼和绵延不绝的长城，鄂本笃被这人工建筑的雄奇壮美深深震撼。

同时，他也察觉到，这个国家对于外来的人有着强烈的戒备心理。

在等待了25天以后，鄂本笃经过嘉峪关镇守官员的详细盘查，终于通过关卡。

进入嘉峪关后，鄂本笃只用了一天时间到达肃州卫，也就是今天的酒泉。

在肃州，鄂本笃听人谈起北京和其他听说过的地名，他终于确切地知道了，自此一直向东的土地全部属于中国明王朝。

鄂本笃历经3年的艰辛旅程，终于证明了利玛窦的推测，他迫不及待地想要告诉教

廷,告诉所有的西方人——“契丹”就是中国。

然而,鄂本笃很快就发现,自己现在哪儿也去不了——

他被困在了河西走廊。

当时,西方国家要与中国进行贸易,必须派遣使者带上“贡物”,进入明朝进行“朝贡”,明朝政府以“赏赐”方法收购贡品,这是与明朝进行贸易的唯一合法形式。

于是,鄂本笃必须争得寥寥无几的“使者”名额,才有可能前往北京。

已经克服千难万阻走到了这一步,却受限于这样严苛的“朝贡制度”,鄂本笃对这种不公正的待遇感到愤懑。

他在日记中写道:

“按照中国和西域七八个国家的旧协定,每六年允许这些国家有 72 名商人进入中国。

商人为谋求这些使团中的一个位子而展开激烈竞争,并且向有权处理此事的商队

队长赠送厚礼。”

尽管在明王朝管辖的河西走廊上,贸易活动依然繁荣,但是,鄂本笃的亲身经历验证了:此时,往来于东西方的商人们早已失去了丝路贸易鼎盛时期的通行便利。

事实上,在明王朝立国之初,明太祖朱元璋便定下了对外政策的两大方向:

朝贡制度和海禁政策。

这种做法强化了中央权力,将外交与贸易合一,在朝廷垄断贸易的同时达到对海外国家的笼络。

朱元璋的继任者延续了他的理念,在开放与控制中寻找着王朝政治与经济的平衡。

但鄂本笃进入中国的时候，已是这个帝国运行的后期，以农业为主体的社会已经无法适应世界贸易环境，而朝廷并没有意识到商业的重要性，对民间贸易依然态度消极。

持续两百年的朝贡制度透露出陈腐僵硬的气息，看似依旧繁荣的河西走廊无法挽救丝绸之路的沉寂。

而就在不久的将来，被世人称为“白银帝国”的明朝即将失控，一步步在经济崩溃带来的种种灾难中走向灭亡。

当鄂本笃在酒泉进退两难时，他想到了远在明王朝首都的教会同仁。听说利玛窦在那里已经取得了一定成就，认识不少高层的官员，也许他可以帮助自己前往北京。

鄂本笃立即给利玛窦写了一封信，希望能得到他的帮助，脱离困境。

在等待回音的过程中，鄂本笃观察着河西走廊上的城市和生活在这里的人们，并用日记记下了珍贵的材料。

“肃州分为两个部分，一部分为汉人居住，回教徒称之为契丹人；另一部分为回教徒所居住，他们来

冰道运石

嘉峪关城门道的石条采自北山（黑山）。工匠们在山里凿好后发现人根本抬不起来，连车也拉不动。眼看工期将近，大伙都很担忧。若要耽误工期，脑袋可就难保了。大家都急得像热锅上的蚂蚁，忽然山顶一声闷雷，从白云中飘下一匹锦绸，众工匠赶紧接住，只见上面有几行字若隐若现，大家看后恍然大悟。滴水成冰的冬季到了，众人从山上往关城修一条路，上面泼水，立刻冻成了冰道。将石条放在冰道上轻轻松松地就运到了嘉峪关城下，不但没有延误工期，反而提前了很多天。众工匠为感谢上苍的护佑，在关城附近修建庙宇，供奉神位，后来这里也就成为工匠出师后必须参拜的地方了。

中国经商，在此成家立业，中国政府对他们一视同仁，他们也大都不再返回西域。”

鄂本笃热切盼望着利玛窦的回信。

但他不知道的是，那个信使不幸在路上迷失了方向。

一年后，渐渐绝望的鄂本笃鼓起勇气再次写了一封信，托付给一个准备进京的商人。

公元1606年11月中旬，这封信终于送到了身在北京的利玛窦手中。

北京的传教士们欣喜万分，他们立即派修士钟鸣礼去接鄂本笃前往北京。

公元1607年3月，钟鸣礼到达肃州，然而眼前的景象却令他心痛不已。

此时，鄂本笃已经入选成为去北京的“使臣”，但他却为此花光了所有钱财，还患上了重病。

当病榻上的鄂本笃收到利玛窦写给他的信时，他双泪长流，不能自已。

就在钟鸣礼到达之后11天，鄂本笃去世了。

河西走廊上的肃州，成为了鄂本笃付出全部努力，可以到达的最后地点。

在肃州城外，今天的嘉峪关市，钟鸣礼埋葬了这

山羊驮砖

嘉峪关城所用的砖，都是在四十里以外的地方烧制的。砖烧好后，用牛车拉到关城之下，人背至城上。由于城高马道坡度大，工人们都累得要死。一天，一个放羊的孩子来到这里玩耍，看到这个情景，灵机一动，解下腰带，两头各捆上一块砖，搭在山羊身上，然后一拍羊背，驮着砖的山羊一溜小跑地上了城墙。工人们看了又惊又喜，纷纷效仿，很快就解决了运砖上墙的难题。

这些故事带有很大的传奇色彩，其实都是老百姓民间劳动智慧的结晶，只不过未见于正史记载，时间长了大家难免添油加醋地将其神奇化。山羊驮砖的故事在河南少林寺和西藏布达拉宫的修建中都有流传，也可看出山羊驮砖登高的可能性。

个孤独的探险家。

根据鄂本笃残留的日记和仆人的口述，利玛窦整理写成《鄂本笃访契丹记》三章，收入《利玛窦中国札记》中，成为研究中西交通史的重要资料。

鄂本笃是元朝之后有记载的第一个由陆路到达中国的欧洲人。

他以他的冒险旅程完全证实了欧洲要寻找的契丹就是中国，并见证了17世纪初的陆上丝绸之路依然存在。

但是，鄂本笃的离世也宣告了西方世界对于陆上丝绸之路探索的终结。

明朝政府僵化消极的政策在有意无意间令丝绸之路越来越走向凋敝。

鄂本笃最终未能完成的旅行，成为穿越河西走廊的古丝绸之路上中西交通史徐徐落幕的标志。

他走过的地方在很长时间内不会再有欧洲人经过。

对于鄂本笃来说，去往嘉峪关的路途虽然遥远艰辛，却始终伴随着梦想与期待。而对于西出嘉峪关

雄关建成

关城建好后，周边的烽燧墩台等防御附属设施也逐渐完善起来。嘉峪关西有15个墩台，东有12个墩台，东北29个墩台，南面10个墩台。其主要作用是用烽火传达信号，具体规定称为“烽火品约”。明成化二年(公元1466年)烽火品约为：“敌军一百人以下，一束烽火鸣一炮；一百至五百人，两烽两炮；一千至五千人，三烽三炮；五千人以上，四烽四炮；万人以上，五烽五炮。”“合设烟墩，并看守堠夫，务必时加提醒整点。须要广积秆草，昼夜轮流看望。遇有警急，昼则举烟，夜则举火，接替通报，毋致损坏，有误军情声息。”当然，如果信号发得及时，可算作立功表现。

有了完好的硬件设施，还需要相应的管理制度。嘉峪关城门的开闭有严格规定：“以武营把总司启闭锁钥，飏旗鸣炮，日凡三次，声威甚壮。以文员巡检盘诘，异言异服者出入最为严禁。”可见，盘问的主要对象是说其他语言、穿异服的生人，害怕混入

的中原人来说，路途大多充满了落寞与寂寥。

两百年后，公元1842年的9月。

一位被流放的清帝国高官辗转颠簸来到嘉峪关。

这个人就是曾以钦差大臣身份被派往广东销毁鸦片、最终却成为战争失利替罪羊的林则徐。

鸦片战争前的清帝国，延续了明朝封闭国门的政策，不仅禁止汉人出洋、居留外国，还严格限制来华贸易的外国商船。

在帝国的西部，则是越来越严格的管控与收束。

河西走廊上没有了来往的商旅，仿佛一条失去了血液的动脉，迎来了历史上最黯淡的岁月。

只有前朝留下的防御建筑，才能依稀让人想起过去金戈铁马的岁月，以及无数英雄征战西北的往事。

林则徐经过嘉峪关要塞时，写下了“除是卢龙山海险，东南谁比此关雄”的诗句。

刺探情报和偷绘地图的间谍。

嘉峪关出入关也很严格，需要相应的证件才可通行，今嘉峪关关城收藏清代嘉峪关游击将军一块“关照”：木质，长20.5厘米，宽11厘米，厚2厘米，上部呈楔形。刻有文字：“嘉峪关游击将军孙为给照事：今据车夫一名，运粮柳沟，于本×月×日出关交仓。换照出关验收。如有夹带运夫逃人等入关者，查出定行严处不贷。此照康熙五十六年×月×日。”正是这样严格的管理制度才给了中原人民最大的安全感。巍峨的嘉峪关矗立在戈壁滩上，这就是中国的西大门，在它的旁边是庭院的围墙——长城。

此时，已经年过半百的林则徐，尽管被迫出关流放，却没有一时一刻把江山社稷置于身后。

在被流放的漫长旅途中，林则徐了解到，沙俄的势力，已经渗入到中亚腹地，下一个要入侵的目标，很可能就是中国的西北地区。

河西走廊的战略地位在风雨飘摇的多事之秋愈发显得重要，而此时此刻的形势也更加的危急。

尽管林则徐希望自己能亲自重整西北防卫事务，抵御外敌的入侵，但只可惜年逾花甲的他，心有余而力不足了。

五年的流放生涯结束后，林则徐再次回到清帝国权力中心。

公元1850年一月，林则徐在返回福建老家的路上乘船驶入湘江，在长沙作了短暂停留。

在众多慕名求见者中，他唯独接见了一个叫左宗棠的人。

左宗棠从百里之外的湘阴家里，匆匆赶到了湘江边的岳麓山下。他看到景仰已久的前辈就站在眼前，激动不已，上船时竟不慎落水。

在这艘普普通通的小船上，两人一见如故，推心置腹。

林则徐形容说，他对眼前这位37岁的后辈“一见倾倒，诧为绝世奇才”。

林则徐深信，左宗棠将会是自己未竟事业的继承者。

于是，他将自己在西北地区的所思所想，连同在新疆整理的资料和绘制的地图，向左宗棠慷慨相赠。

他对左宗棠说：

“东南洋夷，能御之者或有人；西定新疆，舍君莫属。”

当一介布衣的左宗棠接过这份沉甸甸的信任时，他还无法预料，今后，自己的命运将会与中国西部的经略息息相关。

这是左宗棠与林则徐一生中仅有的一次会见。

湘江夜话后不到一年，林则徐溘然长逝。

左宗棠凭借自己出色的军事和政治才能平步青云，逐渐成为了洋务运动中的一员重臣。

他没有忘记林则徐的重托，在兰州就任陕甘总督的经历，也让他对中国西部有了更加深刻的切身体会。

此时，西北地区的局势，正如林则徐所预见的那样，变得越来越严峻了。

公元 1865 年初，中亚浩罕汗国军官阿古柏，趁清帝国陷入太平天国运动的泥沼无暇西顾之际，在沙俄的支持下入侵喀什。

仅仅数年之间,几乎整个新疆地区,都落入了入侵者阿古柏手中。

沙俄趁阿古柏入侵北疆之机,出兵进占伊犁。

作为中原通往新疆的主要通道,河西走廊与新疆的联系逐渐被切断。

正当清政府准备出兵新疆时,东南海疆骤然报警。

公元 1874 年春,日本悍然发兵侵犯台湾。

中国的边疆和海疆同时爆发危机,这种边防形势是清帝国从未遇到过的。

为此,清帝国召集南北洋大臣及沿海沿江各督抚、将军,就国家防卫战略重心展开了一次著名的讨论。

无论是出兵新疆还是加强海防,都需要巨额经费,清政府的财政状况极为困难,国防经费该如何分配成为各方争论的焦点。

此时,以李鸿章为首的部分清廷官员提出,新疆地区每年都需要花费大量军费来维持,不如就此放弃经营,将国防重心转到沿海地区。

而左宗棠则认为:

中国的山川形胜,皆起自西北。弃西部即弃中国。西部安定,中国就等于安定了一半。

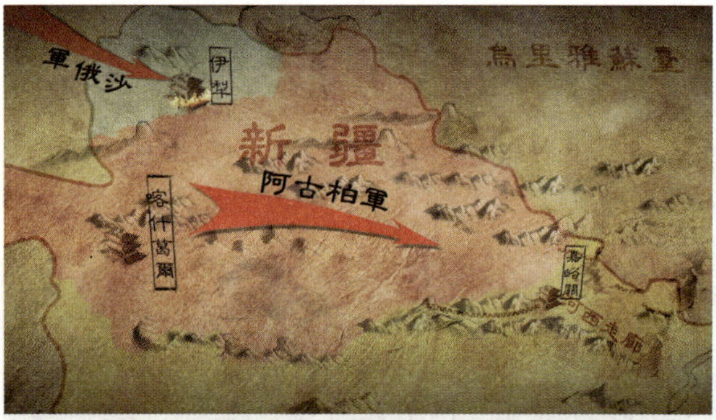

从军事地理上讲,河西走廊对中原地区的安全意义重大。但河西走廊并不是中国西部的天然极限。

只有前出河西走廊,全力经营新疆,才能保障包括河西走廊在内的整个西部地区的安全。

公元 1875 年 4 月 12 日,左宗棠上奏《复陈海防塞防及关外剿抚粮运情形折》,详细论述了国防形势,提出“东则海防,西则塞防,二者并重”的主

张，并力主兵发西北，收复新疆。

最终，左宗棠的主张得到了军机大臣文祥和慈禧的支持。

新疆军情告急，令河西走廊又一次成为烽火边塞。

就在这次国防大争论之前，左宗棠已经开始行动。

他调集湘军进驻兰州，积极备战。

为了对付阿古柏军的洋枪洋炮，左宗棠开设了兰州制造局，仿造德国枪炮，为西征新疆提供武器弹药。

洋务运动的新风从东南沿海吹到了沉寂的大西北。

在左宗棠督办新疆军务期间，他指挥官兵修筑了从兰州开始经河西走廊通往新疆的道路。

河西气候干燥，景色荒凉，左宗棠下令筑路军队，在河西走廊道路两侧栽种杨树、柳树和沙枣树。

“新栽杨柳三千里，引得春风度玉关”，正是后人对这一景象的赞颂。

以后，穿行在河西走廊的人们便将左宗棠和部属所栽种的柳树叫作——

"左公柳"。

历经一百多年的岁月风霜，古老苍劲的左公柳至今仍存，绿柳浓荫依然造福于今日的河西百姓。

公元1880年5月26日，68岁的左宗棠命军士抬着他的棺材兵出嘉峪关，沿河西走廊前往哈密。五年前，清廷任命左宗棠为钦差大臣，全权主持收复新疆的行动。左宗棠的湘军仅仅用了三年时间，就收复了除被沙俄占领的伊犁地区外，新疆的所有失地。

他在写给家人的信中坦露心怀：

"此时西事无可恃之人，我断无推卸之理，不得不一力承担。"

沙俄见左宗棠抱着决一死战也要收复伊犁的气势，不得不通过谈判签下《中俄伊犁条约》，将伊犁地区归还中方。

凯旋的左宗棠，实现了林则徐对他的期望。

他站在嘉峪关城楼上，豪情万丈地写下了"天下第一雄关"的牌匾。

公元1881年，嘉峪关正式开埠通商。

古老的关城在修建了数百年之后，终于向世界敞开了大门。

战争与和平，是河西走廊永恒的主题。

探索与建构，是河西走廊时断时续的乐章。

当左宗棠等明智的清朝官员在竭尽全力，令中国追赶西方的步伐时，西方人早已在新航路的开辟、资产阶级革命、产业革命的推动下，完成了资本主义世界体系的构建。

他们清楚地意识到，人类已进入了一个新时期，世界将要逐渐纳入一个整体，探索地球上未知的土地，了解所有神秘的国家，成为势不可当的世界潮流。

从19世纪中期开始，西方世界的探险者们就络绎不绝穿越沉寂的河西走廊，向东进入这个庞大的中央帝国。

1868年，德国地质学家李希霍芬踏进河西走廊。

他首次将穿越中国西部的古老商路命名为“丝绸之路”。

欧洲国家对中国西北地区的考察活动于十九世纪末二十世纪初达到高潮。

来自西方各国的“探险队”、“考察队”有十几支。

其中有：

从事间谍侦察、后来成为芬兰总统的马达汉；

发现西夏古城“黑水城”遗址的俄国探险家科兹洛夫；

还有发现“居延汉简”的瑞典科学家斯文·赫定；

和让敦煌文物蜚声世界的英国学者斯坦因、法国汉学家伯希和等等。

在到达肃州时，斯文·赫定和斯坦因都曾专程去寻找鄂本笃的墓，但他们未能如愿。

斯坦因感慨道：

“每经鄂昔日所过诸地，未尝不追想鄂本笃及其坚忍不拔之气概。”

西方探险家或许怀着各种各样的目的来到河西走廊，但摄影术却冷静而客观，留给后人无可复原的真实。

这张照片记录了一个冬日的早晨，大雪覆盖嘉峪关的景象。嘉峪关西城楼已毁于战火，左宗棠所书匾额也已经遗失。

城墙边上破败的房屋，是河西走廊在19世纪所遭受磨难的缩影，只有经历了300年风霜的嘉峪关主城楼，还保留了它属于帝国往昔辉煌时代的威严。

拍下照片的人名叫莫理循，时任英国《泰晤士报》驻北京记者。他是清帝国覆灭前夕，最后一位走入河西走廊的外国人。

在莫理循的西部之行中，他拍摄了近千张照片，捕捉到了古老帝国在变革时期的脉动，留下了清帝国治下西北地区最后的景象。

从兰州到嘉峪关，每隔 10 里，都有烽火台和瞭望塔的遗址。虽已失去了边防的功效，它们似乎还在静静地注视着来往于河西古道上的人们。

衣衫褴褛的男女老幼，有着被风沙雕琢过的面孔和身躯。他们平和地望着镜头。他们的生命，早已和西北苍凉、辽阔、坚实的自然风貌融为了一体。

茫茫苍生的盛衰枯荣，在莫理循的镜头中，凝结成历史瞬间的永恒影像。

透过这些黑白影像，人们能够清晰感受到河西走廊上的沉寂和蕴藏的希望。

伫立在河西走廊上的莫理循，凝望着无边无际的沉寂苍凉，他的内心深处或许已经隐约意识到：

在波涛汹涌的历史长河中，这条封闭衰落中的大通道，正是清帝国命运的走向。

当一些人聚精会神，凝注于过往沧桑痕迹的时候，另一些人正在等待、酝酿着一场巨大的变革。

就在莫理循完成西北之行一年后，中国爆发了辛亥革命。

这场震撼中外的革命不仅推翻了清帝国的统治，也让中国从两千多年的封建桎梏中解脱出来。

一个新的时代来临了，中国的大门彻底开启，全新的思想观念将蓬勃兴盛，唤醒西部沉睡已久的灵魂。

河西走廊即将登上前所未有的风云舞台，在剧烈的动荡中，不断接受洗礼，将广袤的西部土地与这个国家未来的命运紧紧相连。

河西走廊也即将迎来前所未有的新生。

苍生
第九集
天下第一雄关
河西走廊
HEXI CORRIDOR
CHINA'S WILD WEST

第九集　苍生

叶舟

其实　我们把头顶上的事物
都叫天　比如星辰　云朵　四季
和如水的天命　更多的时候
我们也把佛陀　父母　三尺之上
的神明叫天　这不言自喻
甚至有一些哽咽　春天时
巨鹰挂在了天上　像一个人
突然的忧伤　神秘短暂　而到了
秋季　雁群怒放　经书闪烁
一段冥想的日子余味悠长
是的　我们把内心的一些珍重
称作天　诸如恩养　觉悟　一刹那的
泪水与感动　在生而为人的世上
有时候邂逅　有时候走散
但天意难问　偶尔　五谷和蔬菜
香火　梵音　百姓与子弟也构成了
一片天　站在苍茫大地　彼此呼应

此刻　祁连如天　落日如金
在可汗与英雄滚滚消失之后　我们
像守着一道律令　决不改口

| 宝藏 |

公元 1949 年 6 月

中国西部的夏天意味深长。

中国人民解放军第一野战军在彭德怀的指挥下进入攻击线。

他们的任务是解放中国西北甘肃、青海、宁夏、新疆四省。

毛泽东指示说：

“希望本年年底能解决甘青宁三省并直达甘凉肃三州，取得油源。”

这个“油源”，指的就是河西走廊西端茫茫戈壁滩上的油矿。

骤然之间，玉门成为大军挥师西进中一个令人关注的焦点。

1898年11月,清帝国的光绪皇帝曾经下达了这样一道圣旨:

闻甘肃各种矿产甚富,自来未经开采。

着陶模拣派妥员,认真踏勘。毋令货弃野地,转令外人垂涎。

但,遗憾的是,这次奉旨勘查甘肃矿产资源的活动,因为当时的内忧外患毫无悬念地搁浅了。

直到20世纪中期,河西走廊才迎来了真正的工业化浪潮。

在共和国经济建设序列中,河西走廊因为它丰富的地下矿藏,再次成为备受关注的地方。

1949年的9月,中国人民解放军第一野战军在解放了兰州、西宁后向着河西走廊全面推进。

此刻,距离新中国的诞生已经越来越近,而能源成为共和国缔造者极为关注的头等大事。

一野第二兵团的二军四师向玉门方向快速机动。

9月25日,玉门和平解放。

而这里，就是毛泽东在电报中所特别强调的“油源”——

祁连山下的老君庙油矿。

日后，它有了一个更加为人熟知的名字，玉门油田。

第二次工业革命后，由于内燃机的发明，石油已经成为一个国家经济乃至军事安全的重要战略物资。对于这一点，新中国的缔造者们非常清楚。

此前的中国，一度被世界地质学界称为贫油国家。曾有西方学者说，中国虽然幅员辽阔，但是地下几乎不可能有石油存在。

1921年，年轻的地质学家翁文灏派遣刚从美国威斯康星大学地质系硕士毕业的学生谢家荣到河西走廊西部的玉门一带进行油田地质调查。

他的到来，成为一个清晰的标志——

有史以来，第一批中国自己的地质学家穿越了祁连山与河西走廊。

他们是循着古老的历史线索来到这里的。

甘肃玉门一带出露石油的迹象，早有史书记载。

公元267年，西晋人张华在他的《博物志》中就描述过：

“酒泉延寿县南山出泉水……水有肥，如肉汁，取著器中，始黄后黑，如凝膏，燃极明。”

唐朝宰相李吉甫在《元和郡县图志》中也留下了对玉门石油的记载。

这些从地下缓慢涌出的石油，千百年来被当地老百姓土法捞取，用来照明、配药。

谢家荣的调查进行得很艰苦。

20世纪初的河西走廊清冷荒凉，繁华不再，他们只得借助毛驴，往返于采集点之间。

半年后，《甘肃玉门石油报告》完成。

这个报告引发了中国地质学界对河西走廊地区的关注。

只是，此时的中国处在异常动荡的政治局势下，军阀混战，没有能力继续开展针对玉门的石油勘测。

这一等，又是16年。

1937年，抗日战争全面爆发，日本军队封锁了中国沿海的港口，这让始终依靠原油进口的国民政府不得不寄希望于在中国内地寻找石油资源，他们将目光对准了河西走廊。

1937年夏，作为国民政府资源委员会设置的“甘肃油矿筹备处”的一员，40岁的孙建初带队前往玉门寻找石油。

这一次，他们收获巨大。孙建初在考察队撰写的《甘肃玉门油田地质报告》中激动地写道：“已可断言，石油即将出现于甘肃之西部，如具备良好条件，可望获致极佳的产量。”

并明确建议，以老君庙为中心，立即施工钻探。

玉门油矿的第一口油井，人们亲切地称它为“老一井”。1939年3月，孙建初主持启动了这口油井的

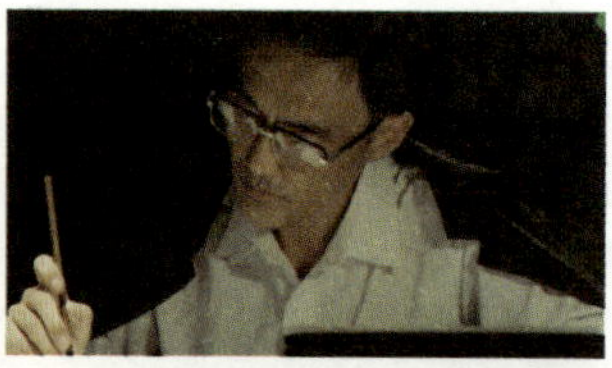

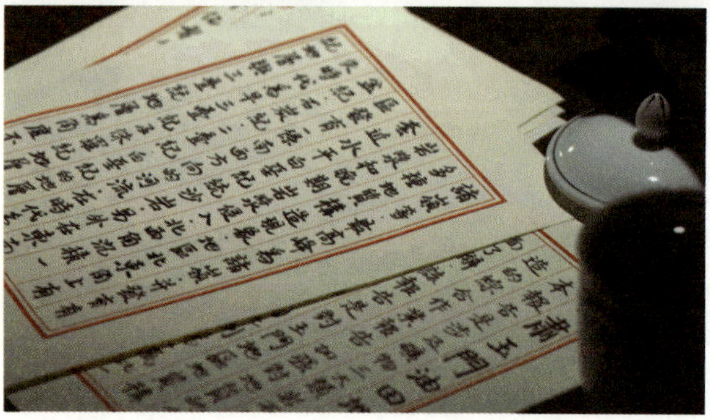

时代背景

对今天而言，河西走廊是国家交通网与经济发展中的大动脉，是不可替代的重要通道。

因为河西走廊又是环青藏高原的重要通道，是我国和中亚、俄罗斯交通的大动脉；另一方面，河西走廊大通道，是内地连接新疆的首要通道，而新疆则关系着国家的战略安全，这个安全涉及国家在世界格局中的地位，涉及国家领土安全，涉及国家资源安全，涉及国家未来发展。像连接新疆的高速公路、铁路、高铁，石油管道、西气东输等关系国计民生的工程都通过这里把新疆和内地紧密联系起来。

从这个意义上来讲，河西走廊关乎国家经略，其地位不可替代。

特别是在21世纪的今天。

中国古代张掖黑水国已经出现了冶金史，同时期河西有了青铜冶炼工业，仍是同一时期，马鬃山的玉矿加工业也开始了，这些在中国早期的工业发展史上都是可圈可点的历史。到了汉魏时期，河西出土了大量的用于

钻探工作。

1939年8月11日，老君庙一号井喷涌出工业油流，成为中国石油工业的起点。

日产10吨原油，对于当时的中国来说，是一个惊人的数字。

截至1949年玉门解放，老君庙油矿共钻探成功44口油井，共生产原油50万吨，这占当时中国石油总产量的90%以上。

孙建初也因此被誉为“中国石油之父”。

新生的共和国百废待兴，以工业尤其是重工业为主的大规模建设即将展开，沉寂了许久的河西走廊，又一次迎来了它重新崛起的契机。

1950年，中共中央西北局制定的《西北区经济建设三年计划草案提要》中，明确提出“西北地理环境和经济资源，决定了它是我国最巩固的、最有希望的国防建设和工业建设的重要基地之一”。

工业建设的发展离不开石油，加强石油的勘探、开采，成为了一件头等大事。

1951年的5月27日，中共中央收到一封来自西北局第二书记习仲勋的信件。

信中说：“经过一年来石油地质的勘测，现已就甘肃河西走廊地区详测了十一个储油构造，其储量

农业生产的铁器，雷台汉墓中出土的铜车马阵列，说明两千年前，河西的铜冶炼技术确实已经非常发达。

唐代，凉州的葡萄酒加工工艺走在全国的最前列，夜光杯开始生产了。西夏时期，榆林第3窟中出现的大量的工业生产场面，有锻铁、酿酒，蒸馏酒诞生了。

20世纪中期，河西走廊迎来了真正的工业化浪潮。

在共和国建设序列中，河西走廊再次成为先锋。

这里有中国石油工业的最初基地——玉门；

有不惜代价勘探的铁矿——镜铁山；

有令中国自豪的镍都——金昌；

有中国迈向太空的航天城——酒泉卫星发射基地；

……

在21世纪的今天，河西走廊的战略地位愈发凸显，西气东输，新世纪的高速公路和铁路大陆桥，陆上三峡，发展中的现代农业与深加工产业链、高端葡萄酒业……

约有二亿五千万吨。”

这封信所传递的信息无疑是令人振奋的——当时，全国对石油的实际年需求量约50万吨，而1950年全年实际开采量还不足10万吨。

在这封信中，习仲勋还提出了详细的开发计划，建议1953年起开矿及建厂，争取在1955年底开始出油，年产原油六百万桶，这样就首先满足了全国目前的石油年需求量。同时建议，在兰州修建炼油厂。

第二年的2月，毛泽东签发命令，将解放军19军57师改编为“石油工程第一师”。

数千名征尘未洗的官兵成为新中国在河西走廊的第一批城市移民。

1952年岁末，玉门油田和兰州炼油厂被同时列入中国第一个“五年计划”的156项重点建设项目中。

5年后。

1957年12月，新华社正式向世界宣布：新中国第一个石油工业基地在河西走廊的玉门建成。

这个油田在万众瞩目中迅速成长壮大为一座大型的现代化石油工业基地。

经过几代石油人的努力，玉门油田总计勘探并开采的17个区块资源总量9.56

亿吨。

玉门油田，成为中国石油工业的“摇篮”。

而王进喜则是从这里走出的传奇。

这个15岁走进玉门油矿当童工的玉门当地人，在新中国的石油钻井岁月中，创造出惊人的全国钻井最高纪录，并在大庆石油会战中一举成名。

而诗人李季更是充满激情地赞颂这座地处西北的石油基地发挥的巨大作用是——

苏联有巴库，中国有玉门。

凡有石油处，就有玉门人。

玉门油田成为河西走廊上第一个大规模开发的宝藏，但这片无言的土地蕴藏的能量远不止于此。

2010年，中国社会科学院考古研究所、甘肃省文物考古研究所、北京科技大学、西北大学组成的联合考古队在河西走廊中段，距张掖市西北13公里的黑水国遗址进行考古发掘时，发现了古代冶炼的历史遗迹。

这意味着，早在4000年前，河西走廊就已经出现了人类自主的冶炼活动。

雷台汉墓中出土的铜车马阵列就是当年河西走廊冶金工艺的最好注脚。

但，生活在这条通道上的古代先民采挖矿石的地点却始终没有找到。

20世纪50年代，新中国急需大量钢铁支撑建设，寻找铁矿资源就成为重中之重。

1955年夏季，西北地质局编号645的地质队连续派出两个分队进入祁连山寻找铁矿。

他们是年轻的共和国工业先锋。

地质队员们先是在藏族牧民柴昂阿莱什登带领下找到了头道沟铁矿露头。

接着，年仅21岁的西北大学地质系毕业生秦士伟带领一个小组冒着严寒和给养中断的危险孤军深入祁连山，在几乎弹尽粮绝的时刻，他们坚持继续寻找。终于，秦士伟小组在一个叫桦树沟的山岩上发现了赤红色的铁矿露头带。

那一天是1955年10月23日。

这一年的12月，甘肃省政府正式把桦树沟命名为“镜铁山”。

一个新地名就此在河西走廊诞生。

为了中国钢铁工业的战略布局，匆匆组建的634地质队，在风雪弥漫的12月火速开赴矿区，一场惊心动魄的探矿会战在祁连山中全面展开。

几乎所有的矿区钻孔都布设在陡峭的山崖上。

年轻的地质勘探工作者和时间赛跑，和死神较量，从发现铁矿露头到提交给国家一个大型铁矿的勘探报告，他们只用了短短的3年时间。

代价同样是巨大的。

为了共和国矿山勘探，先后有11名年轻的地质队员献出了生命。

杨守林21岁、白兴民21岁、李敬君32岁、郑存江27岁；

孟子明37岁、段文19岁、辛立国30岁、马汉民26岁；

王宏江27岁、宋尚仁30岁、计进伦年龄不详

这里是嘉峪关市的地质工作纪念碑。

这座纪念碑讲述的是中国年轻的地质工作者和一个工业城市诞生的故事。

1958年1月。

国家冶金部在酒泉城以西22公里的戈壁滩上确定了酒泉钢铁厂的选址。

一座中国西北地区的大型钢铁企业的建设工程随即展开。

7年后，1965年，一个因铁矿而兴起的现代工业城市在河西走廊上正式诞生，因为靠近古嘉峪关城，

酒泉卫星发射中心

酒泉卫星发射中心又称“东风航天城”简称(JSLC)，被誉为“我国航天事业的发祥地，是向世界展示我国经济实力、国防实力和民族凝聚力的重要窗口”。是中国科学卫星、技术试验卫星和运载火箭的发射试验基地之一，是中国创建最早、规模最大的综合型导弹、卫星发射中心，也是中国目前唯一的载人航天发射场。基地并负有残骸回收、航天员应急救生等任务，截至2005年10月，中国发射了约50颗人造卫星，其中37颗在酒泉发射。中心横跨甘肃、内蒙古、新疆、河北、北京五个省区市，主要由首区(东风航天城)、综合落区两大部分组成。首区地处甘肃省西部重镇酒泉市北，坐落于美丽的弱水河畔，有戈壁沙漠风光的自然公园，有景色怡人的亚洲最大胡杨林自然保护区，“长河落日”的塞外风光尽揽眼底。综合落区位于新疆库尔勒、甘肃瓜州等地区。

它被命名为——嘉峪关市。

就在镜铁山勘探进入尾声的时候，来自河西走廊祁连山北缘的一个意外发现震惊了整个中国。

两年前,毕业于北京地质学院的汤中立被分配到甘肃省地质局祁连山地质队工作。

1958 年 10 月 7 日,已经是祁连山地质队一分队队长、技术负责人的汤中立,带领巡回检查组来到永昌县河西堡，一个生活在永昌当地的老乡拿着一块泛绿的石头找到地质队来主动报矿。

这块被地质学术语叫作“孔雀石”的矿石标本引起汤中立的特别关注。

问清矿石标本的来历后,汤中立和其他同事立即驱车赶到永昌县,然后又追踪到宁远堡报矿人的住地,找到了一个叫“白家嘴子”的起伏山冈。

在这里,他们发现了含有孔雀石露头的岩体。

在其后的两天时间里，汤中立等人对此处的岩体进行了初步勘查，并勾绘了地质草图。

正在检查找矿工作的地质部总工程师陈鑫恰好看到了这块矿石，做出了具有决定意义的指示——

要特别注意,化验矿石中是否含有镍元素。

几天后，陈鑫来到河西堡，带来一份化验单。

这就是后来举世闻名的金川铜镍矿床最早的一份矿石标本分析报告。

河西走廊上的这次重大发现，是上天的恩赐。

镍，一种银白色金属，由于它具有良好延展性和稳定性，难熔耐高温，在空气中不易氧化，因此是一种十分重要的有色金属原料，被用来制造不锈钢等高强度钢材，广泛用于雷达、导弹、坦克、航空与航天器、原子反应堆等军工制造业。

中国一直被视为“贫镍国”，镍成为新中国唯一凭特别票证供应的金属产品，可谓是“黄金可求，镍难求”。

因为这是战略资源，西方世界对此始终严密封锁与禁运，年轻的共和国急需镍矿资源。

1958 年冬季，一场大规模的镍矿勘探会战在河西走廊的龙首山下旋即展开。

此时，他们还不知道，在这片荒凉的戈壁滩与起伏不定的祁连山北缘地带，他们工作的意义不亚于紧随其后中国大庆油田的发现。

但，起初的收获却令人失望。

7 年后的 1965 年，被命名为“金川镍矿”的第一和第三矿区勘探结束，第四矿区勘探同样证实是规模有限的贫矿。

何去何从，年轻的中国地质勘探者面临抉择。

此时，汤中立受命主持编制金川二矿区深部找矿的设计方案，计划打一批深度四五百米的钻孔，找岩体深部的矿体。

其中在 12 线 ZK22 孔的钻探施工中，汤中立执拗而倔强地顶着巨大风险一再修改 530 米的原定深度，深入挖掘，并更换了一台千米钻机施工，终于发现了深部岩枝中隐藏的富矿体。

最终的勘探报告显示，发现的镍矿

矿体厚度达到358.16米。

这次惊险的地质勘探,取得了对祁连山地质探索的重大突破,对中国地质勘探界具有划时代意义。

而且,这份最终勘探报告所涉及的矿种远不止铜镍这两类。

其中,铁、铬、铜、锌、萤石、水晶和铀等38种矿产蕴藏丰富。

金川由此一跃成为世界第二大规模的复合型超级铜镍矿床。

这里就是金川的人造天坑——

露天开采镍矿坑。

在为中国工业建设做出重大贡献后,这座露天矿在河西走廊上留下了一个长1300米、宽700米、深310余米的椭圆形矿坑。

这是中国迄今为止最深的人造天坑,也因此成为人类留在地球上的一大记忆景观。

直到今天,对于河西走廊宝藏的挖掘工作仍在地底深处继续。

这是金川矿区的主要坑口。

每天,上下班的矿工们都要沿着这条斜坡道来往于井上井下。

当摄制组乘坐专车穿过全长7公里的亚洲最长斜坡道,走进镍矿深处时,不能不惊叹金川人的开拓精神。经过几十年的开采,金川镍矿的地下巷道已累计达到近千公里,相当于金昌到北京的距离。

当地质勘探刚刚展开的时候,金川镍矿的建设者便已经在河西走廊的戈壁滩上安营扎寨了。

面对恶劣的自然环境和艰苦的生活环境,创业者开始了艰苦卓绝的创业史。

金川镍矿从正式开采矿石，到建立起一座全部利用国产设备的大型电解镍采选冶联合企业，只用了短短4年时间。

在昔日一望无际的荒漠戈壁上，一座中外闻名的新兴有色冶金工业基地在河西走廊拔地而起。

1978年，时任国务院副总理的方毅八下金川，组织全国50多家科研院所和建设单位联合攻关，解决了制约金川发展的大量关键性技术难题，使金川公司的生产工艺和技术装备在很短时间内达到了世界先进水平。

中国在改革开放之初就成功跻身世界镍钴工业技术大国的行列，在遨游苍穹的“神舟”系列宇宙飞船中，在一杆杆入地的钻机中，在一艘艘下海的轮船中，都有金川人生产的产品。

一块无意中发现的孔雀石也改变了这片土地原本荒凉的命运，一代人将自己的青春挥洒在河西走廊上，曾经的荒漠变成了新的家园。

1981年2月9日，为加速金川镍基地建设，国务院决定正式设立金昌市，河西走廊古丝绸之路上，又一座蜚声国内外的新兴工业城市——镍都金昌自此崛起。

今天的金昌，不仅是一座工业城市，更是一座绿色宜居的园林城市。生活在这里的人们，继续憧憬着未来的生活。

因河西走廊矿产开发而新设立的城市嘉峪关和金昌，使延续了两千年的河西四郡变为今天的五座城市，由此形成了甘肃行政区划的新格局。

今天，我们沿着贯穿河西走廊的连霍高速一路行驶，茫茫的戈壁上出现了新的景观，它同样来自大自然的馈赠。

由于河西走廊位于青藏高原的北支西风带上，风向稳定、风力充足，是中国风能资源最丰富的地区，许多地方都具备建设大中型风力发电站的良好条件。

如果能利用河西走廊地区每年一半时间的风量，发电量就能达到约4000亿千瓦时，这相当于全国一个月的用电总量。

与此同时，河西走廊平原区为温带半荒漠和荒漠气候，光热资源丰富。

2015年，这里将建成风力发电和光能发电的“陆上三峡”，成为中国可再生能源的巨大宝库。

河西走廊，因为丰饶，所以美丽；

因为历史悠久，所以沉厚包容。

当它的潜能被充分发掘的时候，必将带给中国与世界更大的贡献。

若是人们从空中俯瞰这里，最能清晰感受到河西走廊的通道价值——

这条得天独厚的走廊深居内陆腹地。

独特的地理布局造就了中原与西域的理想联络方式。

古往今来，打造并维护这条交通动脉，始终是中国的国家战略。

1952年10月1日，是新中国的第三个国庆日。

天水到兰州的铁路通车。

毛泽东欣然题词：“庆祝天兰路通车，继续努力修筑兰新路。”

就在这一天，兰州至新疆的兰新铁路破土动工。

建设穿越河西走廊、连接新疆的铁路是中国人多年的梦想。

兰新铁路所经地区的地质条件复杂、环境恶劣，大部分线路经过戈壁荒滩，工程分散，严重缺水，冬季漫长，运输困难。

广大工程建设人员克服了难以想象的困难，创造了多项建设奇迹。

1953年，在河西走廊东端的乌鞘岭，三万劳动大军正在鏖战当年中国铁路历史上

最大的工程。

这是当时《人民画报》上的一张照片。

英姿勃勃驾驶推土机的年轻姑娘叫胡友梅。

这位21岁的兰新铁路建设者成为新中国第一个女推土机手。

1953年4月,胡友梅出席了在北京怀仁堂召开的全国第二届妇女代表大会,受到了毛主席、周总理、朱德总司令和刘少奇副主席的亲切接见。

1956年,长春电影制片厂拍摄的故事片《马兰花开》,片中主人公的原型正是奋战在兰新铁路上的女推土机司机胡友梅。

1958年12月,兰新铁路的钢轨穿越河西走廊甘肃、新疆交界的红柳河,进入开阔的西域。

四年后,1962年,兰新铁路全线竣工。

这条铁路东起兰州西站,向西跨黄河,穿越海拔3000米的乌鞘岭,进入河西走廊,沿祁连山北麓、马鬃山南麓西进,跨红柳河进入新疆,再沿天山南麓经哈密、鄯善,过"百里风区"及吐鲁番盆地北缘,在达坂城穿越天山到达乌鲁木齐,全长1903公里,是新中国投资建设的一条最长的铁路干线。

河西走廊没有铁路的历史,至此永远结束了。

此时,距1876年中国境内第一条铁路开通,已经过去了86年。

又过了28年。

1990年9月,东起中国连云港,西至荷兰鹿特丹的第二座欧亚大陆桥穿过河西走廊,全线贯通。

2014年岁末。

横贯中国西北的甘肃、青海、新疆三省区的兰新高铁全线通车。

河西走廊是古丝绸之路的重要组成部分,大交通战略的变革在21世纪尤其显得意义非凡。

不仅如此，在这条中国西部陆路大通道上，还有人们看不到的通道正在持续运行。

2000年2月。

与青藏铁路、南水北调、西电东送并称为中国新世纪四大工程之一的“西气东输”工程正式启动。

这是中国迄今距离最长、管径最大、投资最多、输气量最大、施工条件最复杂的天然气管道。

河西走廊是西气东输、西油东送的能源战略大通道和中国西部重要的管廊带，是中亚和新疆的油气资源进入中国内地的中转站，也是油气产品进入川渝、中原等地区的重要集散地，在中国能源战略中具有举足轻重的地位。

今天，河西走廊已经建成、在建和规划建设的原油管道、成品油管道及天然气管道有十几条之多。这条宽阔平坦的走廊正在成为保障国家能源资源安全的重要战略通道。

毫无疑问，河西走廊早已不再是单纯意义上的地理概念。

它意味着一种历史，一种文化和一种使命。

它是丝绸之路的象征和缩影。

在世界版图上，两条丝绸之路，恢宏而壮美。

陆上丝路，从中国西安出发，一路向西，跨越高原峡谷，穿越沙漠盆地，经过河西走廊，深入中亚腹地，通连欧洲；海上丝路，从中国东南沿海，沿马六甲海峡，过印度洋，直抵大西洋岸边。

千年前的丝路辉煌，张骞策马西行，郑和扬帆西下，一段久远的故事，一段让人感怀的沧桑岁月。

2013年9月，瓜果飘香之际，习近平主席来到中亚，首次提出“丝绸之路经济带”构想；不到一个月，在椰树芃芃的东南亚，习近平主席又提出了“21世纪海上丝绸之路”倡议。

2013年11月“一带一路”，写入中共十八届三中全会决定。

“一带一路”不仅是实现中华民族振兴的伟大构想，更是沿线各国的共同事业，有利于将政治互信、地缘毗邻、经济互补等优势转化为务实合作、持续增长优势。

这一跨越时空的宏伟构想，从历史深处走来，融通古今、连接中外，顺应和平、发展、合作、共赢的时代潮流，承载着丝绸之路沿途各国发展繁荣的梦想，赋予古老丝绸之路以崭新的时代内涵。

草原黄了又绿，

海上潮涨潮落。

中国，从强盛到衰落，又从抗争到复兴。今天，我们距离中华民族伟大复兴的中国梦，从未如此之近；中国同周边国家携手圆梦的意愿，从未如此之真。

而河西走廊，作为陆路丝绸之路的重要地段，也将迎来新的机遇与挑战。

在曾经的历史通道上，作为通往广阔西部的咽喉，河西走廊是那么的意气飞扬，更洒下过无数先辈的血汗，沉淀了太多的期待与渴望。

而对于21世纪的中国人，这条横贯东西、扼控咽喉的超级通道，战略地位愈发凸显，也必将肩负起更多使命。

两千年前，张骞义无反顾地踏上了西去的探索征程，才有了一个帝国沿着河西走廊金戈铁马的生动岁月和这条通道日后的别开生面。

从走廊东西两端同时走来的学者和僧人，携带着古老的典籍和经书，穿越乱世动荡的年代。思想和信念依然生生不息。

儒家与佛教的光芒沿着这里，照射到整个东亚，而东西文化的交融与碰撞也让河西大地变得博大、宽容。

河西走廊像一个楔子，楔入了中国广袤的西部。和平的使者纷至沓来，以会谈与结盟的方式，奠定了今天的中国版图。

身处广袤西部和遥远欧洲海岸的人们，也怀揣着对未来生活的期望和对未知世界的探求，踏上了东行的路途。

从此,穿越了河西走廊的丝路绵延伸展,马帮与驼队日夜兼程。

瓷器和丝绸、黄金和琥珀、僧侣与经卷,财富与憧憬成为漫漫旅途中坚持的梦想。

在这条神奇的河西走廊上,一代又一代行者穿越时光。

激情、欲望、喜悦、悲伤,重复轮回。

把一个个遥远的国家联络成一个更加宏大的格局:天下。

时光一去不返。

但河西走廊始终就在这里。

曾经发生的故事已成永恒;

走向未来的脚步正在继续!

宝藏
第十集
河西走廊
HEXI CORRIDOR
CHINA'S WILD WEST

第十集　宝藏

叶　舟

这一扇门虚掩　像恩情　并不来自典籍
这一条路吐丝　秘密经纬　构成了今日
这一角天空　鹰隼占据　麦子碰见了黄金

这个白面青年　步步生莲　前往西天取经
这位公主口音模糊　逐水草而居　一生和亲
这条走廊　横贯西东　观音和菩萨纷纷麇集

创作录

李东珅 用影像记录梦想

距离上次见面大约一年的时间，北京伯璟董事长李东珅看起来似乎并没有改变，举手投足中依然流露着自信与洒脱。

然而，过去的一年无论对他还是对北京伯璟来说，都堪称收获的一年。北京伯璟制作的纪录片《东湖梅岭毛泽东》《陕甘星火》《北上——长征在哈达铺》纷纷获得各种奖项，这或许是对这家民营纪录片企业快速成长的最佳“注脚”。

此次同李东珅一起出现在记者面前的，是以他为制片人的又一部纪录片作品《河西走廊》。一向“不按常理出牌”的他再次另辟蹊径，终于在三年之后，完美诠释了这个从未被人触及过的宏大主题。他带领着年轻的团队，透过梦想的镜头，为大众呈现出河西走廊跨越千年的辉煌、雄壮与苍凉。

十二集巨制纪录片《河西走廊》可以说是对习近平总书记“一带一路”的完美呼应。值得一提的是，梳理北京伯璟以往的纪录片，不乏紧紧围绕着政策的杰出作品。这的确考验着作为掌舵人的判断力与前瞻性。对此，李东珅一直秉持谦虚的态度：“我比较幸运，《河西走廊》是老天的馈赠。”

近期，十二集巨制纪录片《河西走廊》的十集正片，将于今年三月初在央视科教频道播出（本书出版时，纪录片已经播出。编者按）。李东珅对此很有信心，他认为：“届时必将引发新一轮对河西走廊乃至丝绸之路历史文化的深入讨论。”他准备在朋友圈推广一下这部“心血之作”，并已经想好了推介词——

三年前，我们怀揣梦想，踏上了这条被称为河西走廊的古老神秘通道。但当时我们未曾想到,实现梦想的道路,远远不止 1200 公里。

河西走廊关乎国家经略

这是大自然的馈赠/地球上除了海洋所有的景观都在这里

这是文明的通道/世界上不同的信仰与文化在这里交流

沿着丝路再启程

这是丝绸之路的必经之路/梦想和财富在这里蓬勃生长

这里改变中国/这里牵动世界

我们讲述发生在这里的故事

这里就是——

河西走廊

2014 年 11 月 12 日的广州国际纪录片节上,《河西走廊》作为中央电视台科教频道七部重点推荐纪录片之一,以预告片的形式,在国际纪录片人面前首次亮相,考究的画面、国际化的剪辑,还有好听的配乐,这短短三分钟的影像,引发了最热烈的反响。

或许,再唯美的影像所能定格的也只是历史之一瞬,真正打动内心的,是每一帧影像所传递出的也丰富也鲜活,或沉重或辉煌的历史。更何况,透过历史的镜头,人们还能看到一种让这个精英团队产生共鸣,并为之携手共进的东西——梦想。

2008 年,李东珅的梦想从故乡甘肃迈出了坚定的步伐。

当整个中国充斥在拥抱商业电影的热情中时,这位"70 后"的"逻辑控"却另辟蹊径,成立了北京伯璟文化传播有限公司,坚守纪录片阵地,探索其产业化的新模式,将公司在短短四年的时间内打造成为急速成长的纪录片民营企业。

身为新时代纪录片人,李东珅一直坚持心中的使命:通过中国的表达方式向世界传递中国的声音。而对他来说,纪录片将是讲述中国故事的有效方式。

从 2009 年的第一部纪录片《迭部·洛克心中的伊甸园》开始,李东珅与团队以每年四五部的速度先后创排了表现礼县秦早期文明的《寻秦》,以西和乞巧节为题材的《寻找失落的女儿节》,从基因角度探秘文县白马族文化的《探秘东亚最古老的部族》等多部纪录影视作品,赢得光环无数。

回望甘肃,从甘肃文化起步,无疑是北京伯璟成功的“秘钥”。在北京伯璟的办公间里,有一张他们自己制作的巨大的甘肃地图,上面标注了值得他们去关注和挖掘的纪录片题材,密密麻麻、星罗棋布。

河西走廊就是在这样的文化关注中走入了他的视野。

作为中华文明构成要素中重要的一部分，河西走廊自古以来便是中华文明与外来文明碰撞、接触、融合的重要地区,但迄今为止,还没有以“河西走廊”为主题的纪录片拍摄。2010 年,北京伯璟纪录片制作团队开始把目光聚焦到这个横跨一千多公里,纵贯两千年的纪录片绝佳题材上。

“《河西走廊》是老天的馈赠。”李东珅感慨。但更让他心怀感恩的是,《河西走廊》的拍摄得到了甘肃省委的大力支持。

他常常感慨，如果这部纪录片有一个灵魂人物，那毫无疑问应该是连辑部长。

不仅仅是因为连辑部长全力支持了这部片子的创作，更重要的是他为这部纪录片指明了方向。

李东珅说,如果回望三年的创作历程,难忘的事情有很多,但 2012 年秋天的一个傍晚,一定是最具决定意义的。

李东珅与撰稿老师邓建永、策划郭笑坤回到甘肃,当晚要与甘肃省委宣传部部长连辑开会讨论《河西走廊》的创作方向。晚饭后,夕阳西下,落日的余晖笼罩大地。想到自己就要承担起一次开先河的创作,大家心中不免有些激动,这个时候,郭笑坤忽然问了一句:我们为什么要拍河西走廊?

这句话让三个人都陷入了沉默。的确,河西走廊历史悠久、遗迹众多、英雄辈出,不想清楚这个问题,罗列式的堆砌必将让创作流于平庸,而这个题材不允许平庸。

这个问题的答案将会是这部片子的灵魂所在,答案究竟会是什么?

当天晚上的会,将近十二点才结束。连辑部长讲了很多,而“河西走廊关乎国家经略”则从那天开始成为这部纪录片精神核心。

在这次交流中,连部长还推荐了刘亚洲上将所著的《西部论》。

而敦煌研究院沙武田博士的加入,则让这部纪录片有了强大的学术支撑。

“十二集《河西走廊》的结构大纲经过补充、修订,完成了近五十万字的学术本，其中汇集了可以诠释纪录片宏观主题的相关历史资料，以及较新的学术成果。”李东珅说,“这个学术本,则成为了我们这部纪录片的坚强基石。”

他提及,不同于以往的拍摄流程,在学术本的创作过程中,团队率先邀请国际著名摄影师带队,进行了纪录片中一些有价值的空镜拍摄。自此,历时近三年的宏大叙事拉开了序幕。

纪录片产业化最完整的一次尝试

早在踏入纪录片领域之初,李东珅就一直有一个纪录片的梦想。延伸到公司的角度上来说，他始终希望自己与团队拍的每一部纪录片都能够对行业起到一定的引领作用,留下一些思考的空间。因此,在规模化生产及题材多元化的背后,李东珅和团队为开拓新的纪录片创作方式付出不懈努力，一直走在中国纪录片行业革新求变与寻求进步的最前列。

而《河西走廊》,则是由北京伯璟掀起的纪录片产业化浪潮下最完整的一次尝试。

早在拍《寻找失落的女儿节》时,由于《卓尼土司》、《秦州大宅门》、《寻秦》三部影片同时运作,如何高品质量化生产,便成为摆在李东珅面前的一道难题。他和团队大胆尝试,最终探索出了类工业化的流水线生产:实行执行制片人制;首先由选题拓展组的专家团队分析资料、确定主题;然后由撰稿组撰写拍摄大纲,拍摄组开拍脚本,最后交由后期组进行剪辑、音乐、动画、调色、解说词叠加、包装。整个环节产出了大量的文化产品,学术成果可出版成专业图书,静态影像作品可出版精美图册等。这种方式排除了影片对创作者个人的过度依赖,保证了纪录片的丰富性和权威性,并确保了影片的制作周期,还为大批量生产纪录片做好了准备。

“以往在纪录片的制作中,一般采用分级编导制。而在制作《河西走廊》时我们发现分级编导制会导致每一集的内容品质不同,甚至会有一些重复的画面。而这种方式则确保了《河西走廊》全部内容的统一性。”

除此之外,李东珅坚持“中国故事,中国表达”理念下的国际化尝试,这也赋予了北京伯璟更广阔的发展空间。在《河西走廊》的制作过程中,团队引进了两位艾美奖获得者——来自英国和美国的摄影师来拍摄素材，其拍摄的唯美影像不但起到了引领作用，还得到英国BBC的强力认可。目前，BBC与凤凰网正与北京伯璟洽谈当下现实版《河西走廊》的制作，预计于今年的第二季度开始拍摄。此外，国际音乐大师、曾在紫禁城演出的雅尼也应邀为《河西走廊》进行配乐。对于本身爱好音乐的李东珅来说，“独具魅力和感染力的音乐会成为《河西走廊》在纪录片之外的又一次宣传上的助推”。他相信，“这些国际大师，在以我们的表述方式下的加入，会增加我们的技术品质，更会为我们带来更好的国际传播渠道”。

这种尝试，也为公司发展带来了有益延伸。2015年，北京伯璟成立了国际摄影师经纪部来作为纪录片的第三者定价方，签约以往合作过的摄影师，借此完善中国纪录片产业链。“通过这个发现，使我们更了解世界需要听到什么样的中国声音，更知道如何坚持实践我们的梦想”。

在一年的拍摄工作中，团队从春寒料峭，三伏盛夏到深秋寒露，三次拍摄，历经64个日日夜夜，行程万里，辗转8个主要影视拍摄地，共摄230场戏。其间，沙尘暴、酷暑、台风、暴雨……都遇上了。

李东珅介绍：“不同于以往的纪录片，《河西走廊》是一部没有采访，没有纪实段落，全情景再现的纪录片。”传奇悲壮的历史在广袤如实的画卷中一幅幅展现。

“从某种意义上来说，《河西走廊》是一部编年体史诗。十集正片的历史巨作，每一集都有着不同的侧重点。年代跨越汉、三国、两晋、隋唐、元、明清、民国和新中国，系统梳理了河西走廊甚至整个中国西部的历史。”

历时三年，河西走廊这个从未有人涉及的宏大主题，最终在历经风雨后完美收官。令人不禁想问：为什么是北京伯璟？对此，李东珅给出了自己的答案。

“三年前，一位我很尊重的纪录片前辈问我，北京伯璟的核心竞争力是什么？我反问他，他回答：团队。今天，我可以说北京伯璟的核心竞争力是团队对于甘肃文化的深入血脉的了解，当然，”李东珅笑言，“还有我们的梦想。”

梦想在高处

事实上，从2009年以来，在省文联的支持下，李东珅和他的纪录片团队在甘肃这片文化沃土上，发掘出了众多鲜为人知的纪录片题材。投身纪录片创作五年来，他们制作的影片多达20余部，其中80%的题材有关甘肃，在传播甘肃文化、扩大知名度、促进当地旅游经济等方面的确起到了显而易见的积极作用。

“甘肃的形状像什么？”李东珅说，“全国绝大多数省份都是规则的形状，只有甘肃扭曲而狭长。我们以前说她很像一个玉如意。后来有一个领导在聊天的时候做了一个比喻，说甘肃更像一个楔子。她的存在成为遏控新疆、西藏、内蒙古等地的重要关口。”李东珅认为这个比喻更形象。

在他眼中，甘肃曾在中国历史上有过一段非常辉煌的历史，但是随着时间的推移，渐渐被人们淡忘了。“因此，现在我们再次说丝绸之路的问题，作为甘肃人我很高兴，也希望《河西走廊》能为宣传甘肃起到一点作用。”

“她曾经承载过中国的历史，我们也希望她能够承载未来。”

而从今天的现实意义上来看，《河西走廊》也与习近平总书记所提出的“一带一路”完美呼应。这种前瞻性，在李东珅看来不仅是幸运，更重要的则是一种共识。

因此，他时常怀着一颗感恩的心：“非常感谢甘肃省委，感谢连辑部长，他对整个甘肃文化的发展起到了一个巨大的推动作用。这个过程中，刘亚洲政委的《西部论》也使我们在拍摄的理论上提升了一个等级。后来当我们有幸请到他观看这部纪录片时，政委也给了我们很好的建议和鼓励。”

李东珅回忆，在拍摄《河西走廊》的过程中，自己曾经无数次讲，如果有一天这个项目做完以后，是否会有一种特别的成就感，抑或是热泪盈眶般的感动？

“现在看来，其实都没有，特别平静。”面前的李东珅态度淡然。这对他来说有点像登山的感觉。在纪录片探索的人生道路上，每当征服了一座高山之后，眼前又会出现另一座更高的山。梦想在高处。等待他们的，将是更加宽阔视野里的风光。

做这次采访的过程中，著名音乐家雅尼为纪录片《河西走廊》创作的同名主题音乐一直飘荡在房间里，优美的旋律里有苍凉、有悲壮，但更有力量和希望，这或许正是对于李东珅过去三年心境的完美解读。

采访记者 张惠清

王新建 这是一条关于国家经略的咽喉要道

“再不久，我们创作的十二集大型历史文化纪录片《河西走廊》就要播映了，心中真是感慨万千。”导演王新建表现出兴奋不已，话语中流露出自信，也充满了期待。

2012年的一个春天，作为央视第十套节目科教频道《探索·发现》栏目的制片人的王新建大胆提出了这样一个动议：把镜头对准河西走廊，拍摄一部讲述河西走廊的历史纪录片。

三年来，他们为了片子的拍摄，克服重重困难，寻求专业团队的支持，邀请专家学者进行学术指导，不畏艰辛在荒漠戈壁进行现场拍摄，从总导演到团队的每一个人无不显示出敬业奉献的精神。

时隔三年的今天，在所有人不辞劳苦的创作下，他们终于看到了自己的作品开花结果，这也让王新建可以松口气。

历史的选择

提起“河西走廊”，不得不承认它是中国地理与历史上一个极为特殊的符号和标志。简单的一个词，也会令人浮想联翩。

“大漠孤烟直，长河落日圆”这样的千古名句，在古代人的创作中，充满沧桑绮丽的画面感。

毋庸置疑，河西走廊是一部波澜壮阔的史诗。它的存在，对于文化工作者来说，是机遇也是挑战。

大自然这个造物主

给我们的祖先摆布下这样一条通道，那地理空间的复杂变幻给人们勾勒出激动不已的天然画卷——高山、峡谷、冰川、雪线、融水、绿洲、戈壁、沙漠……

于是，就在这天造地设的大舞台上，东西方文明碰撞交融并深深扎根在走廊两侧，造就了闻名于世的景观大道。也正是因为祖先的深谋远虑，才会让这条地理大通道充满了丰富多彩的故事；让这条迤逦千里的走廊充满了跌宕起伏的烽烟传奇。

在两千年前，汉武帝的雄韬伟略，出塞使者张骞的不负使命，大将卫青、霍去病的金戈铁马，以及穿梭于此的商旅驼队，寻求生命真谛的云游僧侣……在这丝绸之路上，他们仿佛就成为了历史的必然。

而这样一个“历史的必然”需要在今天重新上演。

王新建说，三十五年前，中央电视台和日本 NHK 电视台首度合作，深入中国西部腹地拍摄了一部影响力很大的纪录片《丝绸之路》。在这之后的许多年里，中国纪录片工作者又相继制作了大量主题类型纪录片。这包括《话说长江》《再说长江》《望长城》《大运河》《新丝绸之路》《大秦岭》《大明宫》《故宫》《敦煌》《森林之歌》《茶马古道》《茶叶之路》等等。

纪录片的创作在中国的发展经历了不断完善和创新，纪录片的制作团队也愈发优秀，创作出的作品也日臻成熟。只是，以河西走廊为主题的纪录片迄今为止还从未涉及，作为中华民族瑰丽文化遗产的一个重要组成部分，这样一部主题纪录片的缺失，难以说得过去。

从几年前起，王新建便开始思索着，关注着这一历史主体纪录片的创作。他说：“许多大型纪录片常常是行进到甘肃，顺便讲讲河西走廊，仅仅是一带而过。这既是一个遗憾，更是一个机遇。”

面对这样的机遇却貌似无人问津，但王新建和他的创作团队看到了，同时决定筹划着要大干一场。

王新建和他的创作团队不断把目光投向河西走廊的两端——

东端，是中原腹地与神话传说中的伏羲女娲诞生地，那是一个遥远模糊的梦；西端，是敦煌刻写的千年史记，那里真实记录了发生在河西走廊的喜怒哀乐。

“两千年前，当汉武帝刘彻站在长安沉思的时候，他的目光一定会越过伏羲女娲的诞生地，越过秦帝国的故乡，继续向西眺望。他的内心一定会有向西拓展疆域的宏图大业。而敦煌，则记录了这一步步实现的生动镜像与最终结果。”

王新建用自己饱满的热情探索着历史发生过这样的一场场、一幕幕。

精益求精的创作

熟识王新建的人都知道他是北京大学中文系的高才生，从 1985 年大学毕业后就一直在中央电视台从事编导工作。他曾创办中央电视台第一个长篇纪录片栏目《地方台 50 分钟》，又先后创作了《归还者之路》《大地的呼唤》《改革开放 20 年》，所获奖项不胜枚举。

而此次拍摄《河西走廊》这部纪录片，可以说，王新建在自己纪录片的创作生涯中又要迎接新的任务，新的挑战。

2012 年，他开始决定组建拍摄《河西走廊》纪录片的创作团队。之后，他又和北京伯璟文化传播有限公司合作。他曾花去一年的时间去酝酿、去筹备。

这一年中，他不断更换自己一度提出的想法，只是为了在创作中精益求精。

“和 35 年前所拍摄的纪录片不同，随着时代的进步和我们认识上的提升，现在的纪录片也要开始呈现出更加丰富多彩的色调与风格，在把握题材、结构故事与拍摄基调上也要更加成熟和更有想法。”

正是寻求要与时俱进，拍摄出和现代人气息相符，同时又要还原历史真实的效果，在拍摄基调上仔细研磨，反复推敲，时常让自己成为了剧中人。

拍摄这样一部历史纪录片，为了确保真实性，他们更少不了专业学术的支持。

“主创人员深入河西走廊做了大量前期采访，还组织了一个庞大的、具有国际水平的专家组作为本片的历史与学术支撑。”

可以说，为了此次拍摄，王新建和他的创作团队用心良苦。

同时，面对浩如烟海的两千年历史线索与人物事件，他们也需要花掉大把大把的时间进行论证，从主题、结构和叙述方式上寻求可以操作的路径。

这期间，就有好多人会给予他们很多有益的帮助。王新建说，他很感谢刘亚洲将军的《西部论》，正是这部著作给了他们许多有益的启迪，对于他们观察认识河西走廊提供了极具锐度的思想工具。

制作中也得到了地方政府的支持和帮助。王新建实感欣慰:“甘肃省委宣传部部长连辑先生给予了我们中肯的建议,他提出的‘河西走廊关乎国家经略’观点最终确立为我们全片的主题。”

有这样一个主题的升华和拍摄的侧重点,也瞬间让《河西走廊》这部历史纪录片赋予了更多的时代色彩,更加具有现实意义——国家的经略,文化的复兴,“一带一路”的发展理念和倡议也需要在片中得以体现和彰显。

基于这些之上,最终,王新建确立了河西走廊上的十个历史节点来作为纪录片的主线——《使者》《通道》《驿站》《根脉》《造像》《丝路》《敦煌》《会谈》和《苍生》以及《宝藏》,另外两集是综述内容。

为了完美地展现出主线的主题色彩,他向创作组提出了自己的看法和要求:他希望他们抓住每一个历史节点上最重要的人物,展开讲述他们的故事,充分展现其中的冲突。他希望将这部纪录片作品准确地阐释河西走廊历史背后的印痕,竭尽全力探索那些人物故事复杂深幽的偶然与必然,为了从更深的程度破解隐藏在岁月深处的历史密码。

“只要这一点表现好了,我们的片子就一定能成功。”王新建自信地说。

为了创新,王新建和他的制作团队大胆地决定要敢于放弃通常纪录片大量采用学者专家访谈的模式,完全用解说与画面进行流畅叙述,完美展示河西走廊的历史风情。

总之,在这部纪录片漫长而又艰辛的创作过程中,他们做了大量的创新尝试:聘请获得国际大奖的金牌摄影师执行前期空镜拍摄;聘请国际顶尖的雅尼团队为本片创作音乐主旋律;分集执行拍摄由一个年轻的团队统一完成……

王新建告诉记者:“我们的目标就是,竭尽全力,为观众奉上一部真实、细腻、震撼、感人并且具有超强视觉冲击力的影像《史记》。”

《河西走廊》带给我们什么?

大漠边关的金戈铁马;绿洲深处的欢声笑语;西域古国的盛世灯火;河西走廊的商旅繁华;玉门关前的羌笛悠扬;莫高窟里的翩跹舞姿……

这样一场场对历史的解读、视觉上的盛宴,引起人们对民族文明的再次反思和体悟,正是王新建一直以来孜孜追求的。

“在《河西走廊》这部作品里,人们可以深切感受到,这是一处关乎国家经略的咽喉要道;这是一条维系西部经济的强劲动脉;更是一卷展现东西文化的绚丽画轴。”

可以说,三年间,对一个纪录片拍摄来讲,是一个说长不长,说短不短的年限。只是,这部片子耗费了王新建还有团队成员们的太多心血;也承载了朋友、专家、众多期待人的重托,他们不敢懈怠。

而如今,《河西走廊》纪录片的全部创作已经完成,即将和观众朋友们见面,剧组的所有工作人员都觉得如释重负,同时也收获蛮多。

“在长达三年多的创作过程中,我们学到并感悟了很多。”

王新建说道,河西走廊承载着太多的历史记忆,这让我们深切地感悟到:文明永远都是合作的产物,几乎所有的民族都对此有所贡献。只要你站在河西走廊上,你就可以强烈感受到这条通道的气场。生活在这里的人们,无论过去、现在、还是明天,都将以富有顽强生命力和创造力的群像成为永恒。他们是河西走廊上的主角,也是这个民族的英雄。

如此透彻的感悟更来自王新建对历史文明的膜拜。因此,《河西走廊》这部纪录片的创作,用他自己的话说,更像是向伟大的西部文明致敬,并以此回望整个民族的辽阔苍生,以此守望走向宏大未来的信心。

经历了,便会懂得。感悟了,也便会有几分期许。“但愿,这部纪录片能够成为关照历史的独有记忆和路标”。

“这也正是我们电视工作者的使命与责任。”王新建说。

采访记者 吴军涛

邓建永 大西北的宿命和渊源

岁末年初，位于定福庄西街的一幢居民楼内，邓建永饱含深情地注视着墙上的一幅三维中国地图，顺着他手指的方向，时间似乎穿越到两千年前——使者张骞穿过祁连山底下的一条通道，大汉王朝由此打开对外的通道……

作为央视《探索·发现》和大型历史文化纪录片《河西走廊》的总撰稿，邓建永在这间简单的居民楼内度过了两年多孤独时光，他已记不清有多少通宵达旦，大多数时候只有一条雪白的萨摩耶犬做伴。

2015 年春节后，《河西走廊》在央视科教频道首播。

作为参与这部大型纪录片的亲历者，邓建永断言，这部作品一定是中国乃至世界纪录片史上一部具有标志意义的影片，也是中国纪录片走向成熟的标志，"真的很了不起"。

通过《河西走廊》的撰稿，他感受最深的是，我们中国两千年后的子民们，依旧在享受着两千年前正确决策所带来的恩泽。作为观众，应该静下心来看一看，想一想西部为何如此重要，中国如何走到今天。我们能够为我们伟大的西部做点什么。

西北的宿命

1957 年，祖籍河北河间的邓建永出生于天津，从小他就特别喜欢山，对大山充满了向往。

1969 年，母亲的医院需要从天津整体搬迁到宁夏，他童真地问去过的伯伯：

“那里有没有山呢？”伯伯说有。因此当大人们忧心忡忡时，他却对宁夏充满了期待。

他跟随母亲来到宁夏贺兰山下的大武口小镇(现在石嘴山市)，那是他第一次看到山，深深被大山的神奇和巍峨吸引。

直到现在，他看到大山都会激动，而且特别喜欢有雪线的山，他认为雪山更有庄严神圣的意味。在阳光的照耀下，远远望去，雪山上会波动着金属般的光泽，“此时我的心里会感动得流泪”。

1973年上山下乡，邓建永赴宁夏石嘴山大武口农场插队务农，后为宁夏石炭井矿务局工人。1978年恢复高考，邓建永以宁夏作文满分的成绩考入南开大学中文系。

大学期间，邓建永特别热爱写作。1982年，他在临近毕业前发表了处女作中篇小说《一路平安》，刊载于山东《柳泉》1982年第2期。第二年这篇小说被中篇小说选刊转载，于是年轻的邓建永声名鹊起。此后，他陆续发表了一系列小说和报告文学作品，成为地质文坛上较有影响的新秀。

大学毕业后，邓建永被分配到河北地质学院任教，因为机缘巧合，他被当时的地质矿产部政治部文学创作室吸纳为专业创作员。

在致力于小说创作的同时，邓建永从1986年起开始从事报告文学创作。他和张庆豫合著的长篇报告文学《共和国不应忘记》(载《中国作家》1987年6期)，以磅礴的气势，细腻的笔触，饱含激情地勾勒了开发金川镍都、镜铁山铁都而无私奉献的地质队员群像，是一部具有强烈震撼力的作品。

为了这部作品的创作，他前往甘肃沿着河西走廊采访长达半年。作品发表后引起强烈反响，地矿部与《中国作家》编辑部联合召开作品讨论会。1987年3月15日，这部长篇报告文学在《甘肃地质矿产报》刊登缩写版并单独成册出版。

邓建永说，这部描写甘肃的作品，获得了很多的殊荣，包括地质矿产部以红头文件的名义向全国各省市地质队发文，要求大家组织学习讨论。“这算是我文学事业的一个小高峰吧”。

没想到26年后，风水轮流，一个机缘巧合，邓建永又开始了《河西走廊》这部12集大型历史纪录片的创作，“这样一来，西北就成了我的宿命”。

一语惊醒梦中人

邓建永说,《河西走廊》的最终成功有三个关键的灵魂人物——

连辑、王新建和李东珅。

王新建是中央电视台探索与发现栏目的制片人,北京大学中文系毕业的才子,在他的带领下,探索与发现栏目拍摄了很多经典的纪录片。“我之所以能进入央视,和王新建有直接关系,我们之前就有过创作上的合作。”邓建永说。

35 岁的李东珅是甘肃兰州人,曾是数学奇才。大学毕业后却与纪录片结下不解之缘,开始了专门从事振兴纪录片的事业。李东珅与央视《探索·发现》有过多次合作,私下里王新建、李东珅和邓建永三人也是很好的朋友。

2012 年春天的一次聚会,邓建永、王新建、李东珅三人都在场,王新建比较了解李东珅。那天,王新建忽然极为严肃认真地说:“你是甘肃人,你为什么不做一部《河西走廊》呢?你现在做的纪录片格局有点小,而你要立志做好的纪录片,在这个行当中,你如果做一部《河西走廊》,将真正成就你的地位和事业。”

一语惊醒梦中人。

因为大家都在做纪录片,中国纪录片的大型好题材已经不多了,而《河西走廊》绝对是一个好题材。

那天,为了河西走廊,大家的情绪都很激动。

“我愿意做这部片子的总撰稿。”邓建永兴奋地说。在他看来,河西走廊绝对是一部非常好的题材。

李东珅当场表态他会竭尽全力。他说,如果这部片子真的能拿下来,希望王新建老师能担任总编导。

邓建永说,李东珅虽然年轻,但是干事情非常专注,当他认准一个目标以后,他就会绝不回头地走下去。

“邓老师,成了,甘肃省愿意做!”一个多月后,李东珅在电话里通报了这个喜讯。此时距离习近平总书记提出“一带一路”倡议还有一年多时间。

接下来是一系列的开会讨论。

题材确定下来了,那么《河西走廊》究竟是要表现一个什么样的主题呢?这是困扰邓建永和河西走廊专家团队的一个难题。

直到有一次，邓建永和李东珅一起到甘肃开碰头会。甘肃省委常委、宣传部长连辑在谈到河西走廊时，提出"河西走廊关乎国家经略"。

"主题有了，就是它！"邓建永说。几乎《河西走廊》的团队所有成员都觉得眼前一亮，于是"河西走廊关乎国家经略"成为了贯穿始终的主题。

原本对官员不太感兴趣的邓建永对连辑刮目相看，他觉得连辑和一般的官员不一样，历史文化功底深厚。"一个真正有造诣的官员往往站得高，想得远，他的眼光和视野让我特别钦佩"。

从邓建永写《河西走廊》到现在，"如果要问河西走廊是什么，我想说的是河西走廊是一条川流不息的河，我们都是这条岁月大河中的过客。河西走廊是一个天造地设的自然奇观，世界上这样的地理通道有可能是唯一的一条，也算是上苍给我们的恩赐。"

河西走廊由于其通道的特点，造就了世界文化的十字路口和交流交融、斗争融合的平台。他在写作中试图呈现出岁月的辽阔，其实一层层叠压的是我们这个民族的灵魂勇气坚毅和生生不息。

邓建永说，中国人的经略意识，的确自汉武帝始，而河西走廊，越发显示出今天对于我们民族的重要性。

创作的艰难

邓建永一直欣喜的是《河西走廊》题材的难得，没想到进入创作后会是如此艰难。

从一开始的雄心万丈，到在《河西走廊》专家团队的帮助下，梳理出河西走廊要写的段落和要表现的人物之后，真正开始创作的时候，他才发现创作是意外的困难。

首先《河西走廊》的体量超大，一共分为 12 集，每集创作量大，文字超过数十万。此前央视拍摄的《丝绸之路》虽然有二十多集，但是纪录片的播出是行进式的，基本上是一个主持人，一台摄像机，主持人走到哪说到哪，操作起来很容易，技术难度不大，成本也不高。

世界上通行的纪录片拍摄和制作方式中，都会看到学者专家的影子。而《河西走廊》在拍摄之初栏目组就确定，片中不要出现任何同期声和专家解说，需要大量的情景再现。“这些都给我们创作带来了难度。”

邓建永说，总编导王新建给《河西走廊》这部片子的要求是塑造人物讲故事，每集纪录片中重点讲述一到两个人的故事，比如《河西走廊》第一集里主要突出两个人物——汉武帝和张骞。

“但是张骞几乎没有资料。”邓建永说，张骞的资料很难找，能找的资料仅有就是《史记》中司马迁的记载。“包括专家学者都没有办法。”

邓建永试图将张骞的形象尽可能丰满起来。张骞被匈奴人扣押之后，起初匈奴对汉帝的官方使团很友好和尊重，首先想到了劝降，提供好吃好喝，还给张骞找了一个匈奴妻子。“这个细节在司马迁和后来所有的史料中都一笔带过”。

张骞在匈奴人的营地里待了很多年，但是他不忘汉武帝交付的使命，于是终于找到机会逃跑到西域。“这个时候他一定是没有带着匈奴妻子的。”从西域返回时张骞又被匈奴人抓获，他再次回到匈奴妻子身边。而这时，他决定逃回到长安时，他是带着匈奴妻子的。“我特别感动，为这个匈奴女人感动，这个段落给了我很大的想象空间。”邓建永说，站在一个平常人的角度，他愿意想象张骞的匈奴妻子很漂亮，想象她在张骞的背后给汉族丈夫的支持、爱和理解。

“纪录片发掘了历史背后鲜为人知的故事。”邓建永说，《河西走廊》的时代跨度非常大，从张骞出使到现在一共有两千年的跨度。他本人的历史知识不好，对历史很头疼。但在专家的帮助下，通过《河西走廊》的撰稿，他感受最深的是，我们中国两千年后的子民们，依旧在享受着两千年前正确决策所带来的恩泽。

邓建永说，在创作《河西走廊》时，已经50多岁，写东西很累，毕竟岁月不饶人。他梳理了在央视探索发现栏目工作的十多年里，作为策划和撰稿，承担创作的大大小小的纪录片怎么也得超过五六十部、一二百集了。

他突然觉得，《河西走廊》应该是他最后做的一部大型纪录片了。

“因此，《河西走廊》的创作很困难，可以说是我人生中最严峻的一次挑战。”邓建永说，创作时很痛苦，一个人面对着孤独寂寞，经常通宵达旦。不仅要创作，而且还需要不断修改，一遍一遍重新来过，仅纪录片的开头他就尝试过十几种方式。

在写作中遇到的最大挫折感，是每天面对同一件枯燥无味的事情，特别是还需要重复不断地修改，有时候是很容易崩溃的。

“有时候他们都不敢给我打电话。”这两年唯一的一次放松，是2014年夏天，邓建永和妻子开着车一起回了一次宁夏贺兰山，一周时间内，他没有接任何与工作相关的电话，只想短时间忘却一下。

苦尽甘来。

历经三年多时间，《河西走廊》即将在央视开播，邓建永说，如果要打分，他愿意打到90分，因为毕竟是自己的孩子。

他觉得《河西走廊》跟以往所做大型纪录片都不一样，是一部极具风格化的影片。片中思想的锐度和感召力都是一流的。

尽管在技术上和在细节上可能会有一些瑕疵和遗憾，但是特别敬佩的是北京伯璟文化这支年轻的团队——坚持有梦想，胆子大，敢干。

邓建永敢断言的是，这部片子一定是中国乃至世界纪录片史上一部独特的、付出了太多人太多心血的、具有标志意义的影片，也是中国纪录片走向成熟的标志之一，“真的很了不起”。

“在未来的20年或30年之内，应该再没有人去触碰这个题材，因为不管是从艺术上还是技术手段上，都很难逾越这部《河西走廊》。”

作为观众，应该静下心来看一看、想一想西部为何如此重要，中国如何走到今天。我们能够为我们伟大的西部做点什么。

采访记者 郝涛

沙武田 放宽视野来看《河西走廊》

沙武田出生在甘肃会宁，是土生土长的西北人。

出生时正赶上“文革”后期，各种“运动”和“斗争”还在继续。家里兄弟姊妹多，“阶级成分”又是地主，一家人的日子可想而知。幼时的沙武田常常要随父亲到山里割牲口料，然后用骡子驮回家，他被父亲放在上面，他回忆当时“躺在苜蓿草中间的草堆上，那种印象如同昨天”。

小时候家里没钱买书，也几乎读不到什么书。上过私塾的父亲常给他讲三国、水浒、西游记，还教他唱秦腔，讲秦腔中人物的故事。这也就是他所接受的大部分的学前教育了。

1980 年开始上小学，他每天要和同伴们一起穿过一条常年干涸的苦水河，然后蹬着河坡上一条几乎与地面垂直的羊肠小道，才能到学校。学校正是沙家祖上的堡子，被没收后改成了当地最大的一所小学校。多年后，当年学过些什么早已模糊，记忆中就只有在学校操场边土墙下晒太阳的情景。

第一次走出会宁是 1992 年到西安上大学。“八百里秦川，满眼是绿毯一样的麦田，和家乡一年四季的光山秃岭、黄土沟壑完全是两个世界。”但多年后，沙武田还是回到了老家甘肃，因为他“喜欢那里的荒凉与沉重”。

大学里学的是考古学，陕甘一带为数众多的历史遗迹正是他的用武之地。“这里虽然落后，但却是见证中国历史进程的大动脉，是历史上步行者、求法僧、国际商业民族粟特九姓胡人长途贩运的一个个中转站。”

1996年大学毕业，经著名敦煌学者马德先生介绍，沙武田去了敦煌研究院考古所。报到时，他坐着火车一路到敦煌。敦煌城“很小、很土，街上全是包着白头巾的村妇”，但让人觉得“很亲切”，完全没有陌生的感觉。莫高窟是佛教圣地，他以为一定会有宏伟壮观的寺院，可到了才发现那不过只是荒凉戈壁深处的一片小绿洲。

初进莫高窟，面对满眼的图像、壁画，他一下子懵了：“上面画些什么我一无所知，即使最简单的图案也是完全陌生的。”紧张、挫败感一下子涌来，沙武田觉得“自己要学的东西太多了”！

他给自己定下了严格的计划：白天到洞窟里观摩，晚上在宿舍看书。1999年，他考入兰州大学敦煌学研究所，2005年，拿到了敦煌学博士学位。

现在，沙武田担任敦煌研究院文献研究所研究员，陕西师范大学历史文化学院教授、博士生导师、甘肃省历史学会理事、甘肃省敦煌学会理事。

此外，他还先后出版了《敦煌画稿研究》《吐蕃统治时期敦煌石窟研究》《藏经洞史话》《敦煌文明再现》等6部学术专著。

2012年6月，《河西走廊》剧组打电话找到沙武田，邀他担任该片的学术统筹。沙武田随即写了一篇6000多字的文章，从几个方面论述了河西走廊在各个历史时期的地位，并谈了自己对这部纪录片的想法。不久，沙武田正式担任《河西走廊》的学术统筹。

河西走廊在华夏文明史上独一无二

您生在甘肃，长在甘肃，对西部地区、对河西走廊有些什么与众不同的认识？

沙武田：在我去西安上大学之前，会宁县城是我去过的最大的地方。后来到西北大学上学，看到八百里关中平原上绿毯一样的麦田和青纱帐般的玉米地，我很兴奋。这和我脑海中家乡一年四季光秃秃的山、到处裸露着的黄土沟，完全是两个世界。

作为生长和工作在甘肃的一位学术研究者，甘肃对我而言，始终都有一种荒凉和沉重的感觉。我多次到过南方或东北地区，也曾到日本、法国游历。虽然那里的绿色世界对我来说很是新鲜，但我还是觉得自己更喜欢西部尤其是甘肃地区所特有的那种荒凉的自然环境。河西走廊的戈壁、湿地、沙漠、绿洲，祁连山上的冰雪世界，同样是大自然赐给人类的财富，同样也是人类文明的摇篮。

河西走廊除了有我喜欢的荒凉之外，还有让我更加喜欢的单纯和宁静。这里虽然有些落后，但它没有东部和南方的复杂和喧嚣。这里曾是见证中国历史进程的大动脉。在古代历史上，这里曾是中西交通的要道，有多少步行者、求法僧、粟特九姓胡人从此经过！因此这里的文化又是沉重的。这荒凉与沉重，就是河西走廊的主格调。

历史地看，河西走廊对我们国家和国人来说有着什么样的意义？

沙武田：河西走廊不仅仅是一个地理概念，这里有着厚重的历史文化积淀，它对华夏文明的传承与发展都有着不可估量的历史意义。

事实上，在宋朝以前，河西地区是仅次于长安和洛阳的政治文化经济中心区。南北朝时期中原动荡，经济文化破坏严重，唯地处西北一角的河西较为安定，成为中原世家大族逃避战乱的首选地区。大量的内地移民带来了中原先进的文明，形成了以中原移民世家大族为中心的基本社会结构，一直以来延续到明清，甚至在当代仍有所反映。

河西走廊还是世界四大文明的交汇地。自汉代以来，河西走廊一直是中西文明交流的中心。也是历史上多民族交融互动的地区，这里曾活跃着羌人、龟兹人、粟特人、吐蕃人、于阗人、吐火罗人、回鹘人、突厥人等众多的民族，著名的“丝绸之路”也从这里经过，中国传统文明与外来文明的融合从未停止过。它们共同创造了河西地区灿烂辉煌的历史文化。

此外，这里还是吐蕃文化与佛教文化发展的重要而独特的地区。它在华夏文明史上的地位独一无二。直到今天，这里仍有我们对接历史、吸收华夏文明营养的最直接的宝藏，以敦煌莫高窟最具代表意义。

《河西走廊》是一部认真的作品

您对纪录片有着怎样的理解？您最想通过《河西走廊》表达的东西是什么？

沙武田：我觉得纪录片是以电视语言的形式向观众诠释自然、科学、历史、人文、艺术、民风民俗的一种方式，属于信息数字时代的重要知识获取渠道，也可以认为是对历史、人文、艺术的有效保护手段。

《河西走廊》因为涉及的时间和空间都比较大，所宣示的内容也极其复杂。我想通过这部纪录片让大家看到河西走廊的自然地理风光、历史人文风貌,以及它对整个华夏民族发展与传承的重要意义。这里有中国历史上各个时期保存完好的历史文化遗产,它们在中国历史进程中扮演了怎样的重要角色?河西地区对于中华民族与华夏文明的发展有着怎样的意义?这正是我想要在这部纪录片中表达的。

您希望《河西走廊》上映后,得到观众怎样的评价?

沙武田:我相信《河西走廊》上映后会得到社会的普遍认同。我是第一次看到国内有人如此认真扎实地做一部纪录片,三年多的时间,单学术本就有 60 多万字,其认真程度是应该得到肯定的。我认为,从纪录片的角度看,这是一部"高大上"的片子;从甘肃文化品牌推介的角度看,这是一个里程碑式的片子;从华夏文明宣传和价值挖掘的角度看,它又是一部具有带动意义的片子;而从丝绸之路经济带国家大战略的角度看,《河西走廊》无疑也走在了前面。对河西走廊来说,它应该是目前为止最为全面、最具有文化价值和社会效益的一部片子。我希望观众们能从传统的宣传视角中跳出来,用更深的眼光和更大的视野来审视它。

采访记者 李肖含

赵启辰 打造中国纪录片创作的“新模板”

2015年3月，由赵启辰——北京伯璟文化传播有限公司总经理导演的十集大型纪录片《河西走廊》将登陆央视，这是中国首次以纪录片形式立体呈现河西走廊的地域历史文化。“最近都在审片，专家们在看完片子之后都很吃惊，直呼没有想到，我相信这部纪录片登陆央视之后，必将引发新一轮对河西走廊乃至丝绸之路历史文化的深入讨论。”赵启辰说。

近年来，由赵启辰导演的《迭部·洛克心中的伊甸园》《探秘东亚最古老的部族》《寻秦》《东湖梅岭毛泽东》等众多纪录片均在社会上产生强烈反响。

这个年轻的“85后”导演表示：“文化的核心是精神，精神的核心是信仰，一个民族的文化基因决定了这个民族的特征、发展和未来。纪录片创作者用自己的情怀去探寻事物的本源，梳理真实的文化脉络，寻找还未被解答的谜题，并用一种通俗的、易于观众接受的方式呈现给观众。”

都来复制《河西走廊》模式

“拍《河西走廊》这样的作品的意义是什么？”

“河西走廊是中原通向中亚、西亚的必经之路；更是东西方文化交流史上的一条黄金通道；后来闻名世界的丝绸之路就从这里穿过。在中华民族的历史进程中，河西走廊事关一个国家政治经略、经贸促进、文化交融的梦想。对于古代生活在中原的人们，打通河西走廊，前往更为辽阔的西部是他们不变的渴望。”对于记者的提问，赵启辰说，“我们这部影片紧扣‘河西走廊关乎国家经略’这一宏大主题，从这一特定地域的历史入手，讲述了从汉代到新中国，河西走廊与中原王朝息息相关的发展脉络。”

在做了很多题材的纪录片之后，赵启辰希望能制作一部让业内人士称之为标杆的作品，相比较长江、黄河、丝绸之路等被反复制作的选题，“河西走廊”还未曾被触及过，这个想法和公司董事长李东珅不谋而合。

2012 年 6 月，赵启辰协同总撰稿邓建永，在学术顾问——敦煌研究院教授沙武田的陪同下，带着摄影机，开始了第一次实地采风，他们从乌鞘岭一路走到敦煌，贯穿河西走廊，沿途拍摄，后原路返回，历时 15 天。对于这一次采风，赵启辰感触颇深：“一路的印象就是壮阔博大，非常震撼，河西走廊自身的地形地貌太丰富了，它正好位于我国 2、3 级阶梯的交接地带，地球上除了海洋以外，所有的地形地貌都在这里呈现，很难有任何一部纪录片可以同时拍摄到如此有差异性的自然和人文景观。第一次采风回来后，我们就确定了风光镜头必然成为这部影片的一大亮点，必须做到最好！”

一年后的 5 月，公司千里迢迢邀请来两次荣获艾美奖的英国广播公司(BBC)著名摄影师布莱恩·麦克达马特，进行春季空镜的大型拍摄。他曾经担任纪录片《美丽中国》的摄影，对中国的地貌风光比较了解。赵启辰与布莱恩的合作也让他收获颇丰。为全面记录河西走廊的地貌风光，他们带领着三个摄制组，从北京出发，赶赴河西走廊。

在出发之前，策划部门做了大量的准备工作，搜集了 1000 多张中国摄影师拍摄的河西走廊风光照片作为拍摄角度的参考，赵启辰的要求是：“我们要拍得比这些照片更好！”

在赵启辰眼中，布莱恩是一个具有国际一流水准的摄影师。他们一起确定了风光摄影的基调，要求三个摄制组拍摄的画面风格必须统一，可以有各自的特点，但必须让画面具有相同的气质；他要求摄影师们带着剪辑的思维方式去拍摄，杜绝长镜头和一些不良的拍摄习惯；每天晚上回到驻地，无论多晚，布莱恩都会给分组摄影师开会，将所有素材收集到他那里进行分类，并监看画面质量，及时提出意见，最后清理完器材才算一天的工作彻底结束。

甘肃的 5 月乍暖还寒，摄制组拍出了河西走廊最为壮美的画面，超出了当初的预期,可以说每一次的拍摄都为赵启辰建立起更大的信心。也让他对河西走廊的感情更加深入。

一个月后,赵启辰回到北京,放在他面前的是学术顾问沙武田带着学生们一起写出的40万字的学术本,在和总撰稿邓建永探讨之后,确定了每集的主题和分集方式,再由邓建永抽丝剥茧,提炼出主线人物和故事。

赵启辰说:“先让专家给出一个历史资料的整合,把已知史料和最新的研究成果做成一个类似论文的东西,形成我们创作拍摄剧本的基础,同时这个学术剧本也成为纪录片衍生品的一部分。过去这些资料都是由编导来整理的,但是编导有他个人学术能力的局限性,难免会有疏漏。撰稿将学术本整理、编写成电视的语言,然后形成我们的拍摄台本。这样的合作模式,我认为是最科学的,将工作进行细分,就形成了产业的雏形。”

“史无前例的再现拍摄”

作为一个电影专业出身的导演,赵启辰一直用电影的方式来思考纪录片创作,并尝试用电影的产业流程来制作纪录片。

或许,在旁人看来,电影和纪录片有着本质的区别,但是在赵启辰眼中,二者并不矛盾。他希望整部纪录片只有一个导演,一个编剧,一个剪辑指导,将系列纪录片想成一个整体,不设分集编导,然后将部门细分,每个人只司职自己最为擅长而纯粹的工作。以往的纪录片,一集一个编导,每个编导的文化积淀、思维模式都不一样,在一个系列作品中就会出现品质不一风格各异的现象。赵启辰认为:“大家都批评纪录片产业化程度不够,产业化的过程就是标准化、专业化的过程,一个民营纪录片公司要想发展,就必须做好标准化。”

“我们摸索出一套成熟的经验,对执行导演的要求是非常严格的,每个镜头拍成什么样?你用什么尺寸的镜头拍?整部影片呈现什么气质,我都有规定,并且有严格的验收标准。只有这样,才可以做到标准化,气质统一,这就是电影工业的管理思维模式。”赵启辰说。

2014年初,团队启动了《河西走廊》的情景再现拍摄,并确定了包括视觉语言的形式,特技的呈现方式、与解说词的配合关系等一系列创作原则。

“这将是一部情景再现占60%篇幅的纪录片,因为一部历史纪录片如果单纯从现实遗迹或采访的角度来呈现历史是非常枯燥的，而且很多遗迹已经难寻踪迹。我们学术挖掘的广度和深度让我们有自信不做任何采访，取而代之以观众更容易接受的故事再现方式来呈现这部波澜壮阔的历史。”

赵启辰自信地说：“在剪辑完成的影片中，观众看到的每一个镜头都是我们付出心血去拍摄的，我们不用别人拍摄的资料去拼凑，这是我们的职业尊严。《河西走廊》绝对是中国从未有过的纪录片，没有任何一个题材可以像河西走廊一样，连缀起从两汉时期到新中国这么大时间跨度的历史，河西走廊在各个时期都与中国的历史发展息息相关。”

在2014年一年的时间里，赵启辰带领创作团队辗转中国10个影视基地，一共拍摄了230场情景再现，时代跨越两汉、三国、魏晋、隋、唐、元、明、清和新中国。涉及50余个需要设计形象的有名有姓的历史人物，置了60余个室内室外场景，动用群众演员近千人次。这样庞大的工作量对于剧组工作人员的要求极高，因为穿梭在不同的朝代就必须表现出当时特有的气质，每个朝代的布景、服装、化妆、道具都不一样，这对赵启辰的导演能力也是非常大的挑战。

“值得一提的是道具细节，无论是涉及蒙文，还是葡萄牙文，都经过了我们精细的翻译，把当时的原文翻译的文字印到道具上，每个细节都是经得起考验的，细致到位。”

作为导演，赵启辰也知道，电影和纪录片有相通的地方，也有截然不同的地方，电影的娱乐属性需要它呈现华丽的美术设计，但是在拍摄纪录片情景再现时，他一直强调的是历史中真实的色彩，在美术上尽量还原历史的真实性。当美术指导提出质疑时，赵启辰的回答是“我们要的不是华丽而是真实”。在表演方面，电影更注重的是台词和调度，而纪录片则更强调的是整场戏的气氛和人物传递出的情绪是否和文学剧本的气质融合。

赵启辰说：“最后成片我们很满意，央视也感觉很新颖。每集人物线索非常清晰。在基于史料的基础上，我们做了丰富的合理想象。这种呈现方式是以往国内纪录片所不具备的。”

用电影化的思维去创作

迄今为止，赵启辰导演了10多个系列，30多集纪录片，而他最满意的还是

《河西走廊》。能走上纪录片导演之路，要感谢的还是伯乐——北京伯璟文化传播有限公司董事长李东珅。

当然，能在纪录片的道路上越走越远，和他之前所接受的教育也有密不可分的关系。

2003年，18岁的赵启辰被北京电影学院制片管理专业录取，回顾自己本科四年的学习，赵启辰说："电影创作也需要管理思维，成熟的电影制作需要产业化。同时，一套严密细致的流程和监管体系也可以给予导演和影片制作最为有力的保证。"这些年在拍摄中，赵启辰还保持着从不超期的纪录。

本科毕业之后，赵启辰曾在电视台做编导，这是一个在外人看来相当不错的工作。然而，流程化的工作方式在他看来太缺乏挑战性，于是毅然辞职，选择去香港浸会大学电影学院攻读研究生。

老师要求每个人每学期执导5部短片，全班26个同学就是130部短片，除了需要导演自己的短片，还要在其他同学的短片中担任演员、录音、摄像。这样的学习很辛苦，但也正是这样的磨炼，让他对电影有了全方位的了解和认识。

赵启辰说："这令我终身受益。在创作《河西走廊》的过程中，我也是一直在处理这些问题，我们公司出品的纪录片好看的原因就是用电影化的思维去创作。"

2010年赵启辰加入伯璟文化传播有限公司，与李东珅的第一次交流，就相见恨晚，他按照自己的理解为公司剪辑的第一部作品《迭部·洛克心中的伊甸园》就在首届"亚洲旅游节目国际优秀奖"上获得"最优秀奖——日本知事大奖"。

之后这个年轻的团队拍摄了多部以地方文化为题材的纪录影视作品，创作出《寻找失落的女儿节》《两当兵变》《北上——长征在哈达铺》等一系列引人入胜的作品。他们做出了具有强烈"伯璟风格"的纪录片作品，并实现了中国纪录片行业最快速的增长，作品在社会上产生了强烈影响。

"做纪录片行业其实是一个梦想行业，更多追求的是社会效益。我希望《河西走廊》这个创作模式能成为中国纪录片创作的新模板。"赵启辰说。

采访记者 梁伟

以上五篇采访摘自《中华儿女》杂志

河西走廊官方微信号，期待大家的加入！

河粉集中营一团
河粉集中营二团
河西走廊摄影粉丝群
河西走廊历史粉丝群
河西走廊演员粉丝群
河西走廊石窟粉丝群
河西走廊佛教粉丝群
河西走廊旅游粉丝群
河西走廊美食粉丝群
河西走廊音乐粉丝群

《河西走廊》纪录片光盘已由北京伯璟文化有限公司推出